주도성을 키우고
깊이 있는 학습으로 이끄는
# 수업 실행 전략 37

**주도성**을 키우고
**깊이 있는 학습**으로 이끄는
## 수업 실행 전략 **37**

초판 1쇄 발행 2025년 4월 18일

| | |
|---|---|
| 지은이 | 양은석 |
| 발행인 | 최윤서 |
| 편집 | 최형임 |
| 디자인 | 최수정 |
| 펴낸 곳 | (주)교육과실천 |
| 저자 강의·도서 구입 | 02-2264-7775 |
| 인쇄 | 031-945-6554 두성 P&L |
| 일원화 구입처 | 031-407-6368 (주)태양서적 |
| 등록 | 2020년 2월 3일 제2020-000024호 |
| 주소 | 서울특별시 중구 창경궁로 18-1 동림비즈센터 505호 |
| ISBN | 979-11-91724-84-4 (13370) |

정가         20,000원

저작권법에 따라 한국 내에서 보호를 받는 저작물이므로 무단 전재 및 복제를 금합니다.
저자 강의 및 도서 구입 문의는 교육과실천 02-2264-7775로 연락 주십시오.

추도성을 키우고
깊이 있는 학습으로 이끄는

# 수업 실행 전략 37

양은석 지음

## 추천사

••• 생활교육과 좋은 수업을 위한 전략을 한 권의 책으로 정리했다. 수업에 대한 기술과 방법이 구체적이어서 교실에서 바로 적용할 수 있다. 성공적인 학급과 교사의 기본기를 위한 최고의 책이다. 특히 저자는 수업교실을 이끌며 좋은 수업에 대해 오랜 시간 체계적으로 연구하였고, 그 결과를 담은 이 책을 교사 필독서로 적극 추천한다.

사단법인 한국긍정훈육협회 이사장 김성환,
<학급긍정훈육법>, <제라드의 우주쉼터> 역자

••• 교수(敎授)와 수업(授業)은 가르치는 행위를 가리키는 말입니다. 둘 다 주다, 전수하다는 뜻의 수(授)를 씁니다. 그래서 교사는 늘 어떻게 잘 전해줄 것인지 고민합니다. 선생님의 '수업 실행 전략 37'은 바로 이 고민의 해답을 제시합니다. 더 나은 수업을 위해 고민하시는 많은 선생님들께 소중한 나침반이 되리라 기대합니다.

실천교육교사모임 회장 교사 천경호
<리질리언스>, <교사의 말공부> 저자

••• 이 책은 신규 교사에게도, 경력 교사에게도 큰 도움이 될 만한 책이다. 요즘 학교 문화 속에서 수업에 대해 서로 묻고 나누기가 점점 어려워지고, 많은 선생님들이 혼자 고민하며 유튜브나 인디스쿨에서 자료를 찾아 헤매는 현실에서 자신의 경험을 정리하고 나눠 흘려보내 주는 선생님이 계시다는 사실이 참 감사하게 느껴진다. 책을 찬찬히 읽다 보면 자연스럽게 적용해보고 싶은 여러 아이디

어가 생길 것이고 내 수업이 조금 더 정돈될 수 있겠다는 기대감도 들 것이다. 수업에 대한 깊은 고민과 욕심이 있는 선생님들에게 특히 유익한 책이 될 것으로 생각된다. 수업의 A부터 Z까지, 이 책 한 권에서 만나보자.

사람과교육연구소 치유성장소장 서준호<br>
&lt;서준호 선생님의 토닥토닥&gt;, &lt;교사의 자존감&gt; 저자

••• 수업을 어떻게 하면 잘할 수 있을까요? 교사에게 수업은 일상이지만 막상 수업을 잘 하는 것은 쉬운 일이 아닙니다. 특히, 교육 여건이 어려운 지금 수업이 더욱 힘들어지고 있기 때문입니다. 이런 상황에서 수업을 어떻게 하면 좋을지 함께 힘을 내며 학생들과 함께 희망을 열어갈 수 있는 소중한 이 책이 나와서 참 반갑고 고맙답니다! 교단에 막 선 새내기 교사뿐만 아니라 학생들과 함께하는 전국의 많은 선생님들께 이 책을 추천합니다.

서울길음초등학교 교사, 전국초등사회교과모임 공동대표 배성호<br>
&lt;우리가 박물관을 바꿨어요!&gt; 저자

••• 우리가 매일 숨을 마시고 내쉬듯, 교사는 매일 수업을 하면서 살아간다. 황사나 미세먼지가 가득한 날 숨 쉬는 것이 고통스럽듯, 수업에 문제가 생기거나 제대로 되지 않을 때 교사는 두렵고 슬프고 좌절하게 된다. 맑은 하늘을 바라보며 숨을 크게 쉬듯, 우리의 수업도 행복하고 효과적일 수 있다면 얼마나 좋을까? 성공적인 사람들은 성공하게 하는 전략을 잘 활용한다. 이 책 '수업 실행 전략 37'을 읽고 활용한다면 더욱 맑고 향기로운 수업이 될 것이다.

사람과교육연구소 소장 정유진<br>
&lt;나는 왜 이런 성격일까?&gt;, &lt;초등 교육실습 운영시스템&gt; 저자

# 서문

나는 늘 더 나은 수업을 하고 싶었다. 그래서 관련 책들을 열심히 읽고, 연수에도 꾸준히 참여했다. 하지만 노력한 만큼 눈에 띄는 효과를 얻지 못한다는 생각이 들 때가 많았다. 그러던 중, 한 선생님께 흥미로운 이야기를 들었다.

"부설초등학교에는 오래전부터 내려오는 비법서가 있다."

그 말을 듣고, 정말 그런 비법서가 있다면 얼마나 좋을까 하는 생각이 들었다. 그래서 여러 곳에 수소문해 보았지만, 끝내 그 비법서를 찾을 수는 없었다. 아마도 실력 있는 선생님들이 예비 교사들을 훌륭하게 지도한 덕분에 생긴 소문이 아니었을까 싶다.

만약 비법서가 실제로 존재했다면, 혼자만 읽으려고 숨겨두진 않았을 것이다. 하지만 그때부터 한 가지 바람이 생겼다.

'선생님들에게 실질적인 도움을 줄 수 있는 책이 있으면 좋겠다.'

그 후, 수업에 대한 성장을 위해 이름 있는 선생님들의 수업을 찾아다니기 시작했다. 직접 수업을 보고, 선생님들과 인터뷰하며 많은 것을 배웠다. 특히, 이론으로만 알고 있던 내용들이 실제 수업에서 어떻게 구현되는지를 보면서 큰 도움을 받았다.

수업 연구를 이어가던 중 운이 좋게도 선생님들의 수업을 코칭 할 기회가 생겼다. 이때 정유진, 서준호, 최은주 선생님과 함께 코칭을 하며 다양한 관점에서 수업을 보는 눈을 기를 수 있었다. 어떤 선생님은 처음부터 능숙하게 수업을 실행했지만, 예상치 못한 상황에 대처하지 못해 어려움을 겪는 경우도 많았다. 코칭을 하며 교사들이 공통적으로 어려워하는 점들을 정리할 수 있었다.

　이후, 동료 교사들과 함께 공부하는 수업 연구회를 만들었다. 혼자였다면 중간에 지쳐 포기했을지도 모른다. 하지만, 동료들이 있어 꾸준히 이어갈 수 있었다. 연구회를 시작한 지 벌써 10년이 되었다. 그동안의 연구 결과를 바탕으로 수업 강의를 실행했다. 많은 선생님이 "실질적으로 큰 도움이 되었다"라는 긍정적인 피드백을 해주셨다.

　수업을 연구하는 과정에서 샬럿 다니엘슨(Charlotte Danielson)과 같은 학자들의 연구와 교사의 역량을 정리한 다양한 이론을 접했다. 이론은 수업의 방향을 설정하는 데 큰 도움이 되었지만, 실제 현장에 그대로 적용하기에는 어려움이 있었다. 이에 따라 교실 수업에 실질적으로 도움이 되는 내용을 선별하고 정리했으며, 여기에 현장에서의 경험을 더했다.

　특히 내가 수업을 꾸준히 연구할 수 있었던 것은 사람과교육연구소 정유진 선생님의 '행복교실'이 있었기 때문이다. 행복교실에서 학급 운영과 수업 운영에 대한 귀한 배움을 얻었고, 이를 기반으로 사람과교육연구소에서 더욱 깊이 있고 전문적인 수업 연구를 이어갈 수 있었다. 이 책에 담긴 내용은 기꺼이 수업을 공개해 주신 많은 선생님들의 노고, 코칭을 함께 해주신 선생님들의 노하우와 이론을 정립한 학자들의 아이디어, 그리고 행복교실과 사람과교육연구소에서 쌓아온 경험의 결실이다. 이 자리를 빌려 모든 분들께 깊은 감사의 마음을 전한다.

　오늘도 나는 교실에서 수업을 한다. 수업이 끝난 뒤, 학생들이 "선생님, 시간이 정말 빨리 지나갔어요"라거나 "시간 가는 줄 모르고 공부했어요"라고 말할 때가 있다. 물론, 모든 것이 수업 전략 덕분이라고 말할 수는 없다. 하지만, 이 전략이 학생들의 몰입을 이끌어내는 데 큰 도움이 되었음을 느낀다. 이 책이 교사들이 자기 수업을 돌아보고 연구하는 데 작은 디딤돌이 되기를 바란다.

2025년 3월 저자 올림

## 목차

추천사     4
서문     6

**이 책을 읽는 방법과 효용성**
    왜 수업 실행 전략이 필요한가?     12
    수업의 기본기     13
    수업 실행 전략의 효과     15
    이 책의 활용     18
    수업 실행 성찰 프로세스     21

## 1부 학급 문화 만들기

**1장 신뢰하고 도전하는 교실 문화 만들기**     28
    1 긍정적 상호작용하기     36
    2 격려하기     45
    3 틀려도 괜찮아     50
    4 배움에 도전하도록 하기

### 2장  문제 행동을 예방하고 효과적으로 대처하기

  5  즉각 지도, 추후 지도 행동 구분하기      59
  6  수업 중단없이 지도하기      64
  7  알파 지시하기(Alpha Command)      69
  8  합선책(결과에 대해 합의하고 선택권을 주어 책임지게 하기)      77

# 문제 예방 및 학습 참여 촉진하기

### 1장  학습 분위기 조성하기

  9  수업 시작 시 해야 할 일 가르치기      96
 10  곧바로 시작하기      100
 11  집중 자리에서 시작하기      104
 12  눈 맞춤과 곧고 열린 자세      109

### 2장  수업 속도 조절하기

 13  빠른 속도로 지난 시간 복습하기      115
 14  수업 실행 속도 조절하기      120
 15  활동 전환 속도 빠르게 하기      123

### 3장  명확한 안내와 확인하기

 16  활동 안내 명확하게 하기 1      131
 17  활동 안내 명확하게 하기 2      135

18 안내 후 점검하기 　　　　　　　　　　　　　　　　140
19 주의 집중 신호 활용하기 (생각해 볼거리 : 주의 집중이란)　145
20 발성과 언어 활용 　　　　　　　　　　　　　　　　151

## 4장　수업에 변화 주기

21 상호작용 방식에 변화 주기 　　　　　　　　　　　159
22 짝에게 말하기(Turn and Talk) 　　　　　　　　　　166
23 발표 방식에 변화 주기 　　　　　　　　　　　　　172
24 학생 상태에 변화 주기 　　　　　　　　　　　　　178

# 3부
# 주도성을 살리는 상호작용 촉진하기

## 1장　전체 학급 토론 활성화하기

25 생각할 시간 주기(Wait Time) 　　　　　　　　　　192
26 학생 간 대화로 연결하기 　　　　　　　　　　　　197

## 2장　모둠 상호작용 촉진하기

27 모둠 활동을 하는 자세 안내하기 　　　　　　　　207
28 모둠 활동 하는 법 안내하기 　　　　　　　　　　214
29 모둠 활동 과정에 적절한 도움 주기 　　　　　　　219

## 4부
# 깊이 있는 학습하기

**1장** 깊이 있는 학습으로 이끌기

    30 큰 그림 제시하여 이해 돕기      **231**

    31 생각 말하기(Think-aloud)를 통한 이해 돕기      **240**

    32 질문을 통해 깊이 있는 학습으로 이끌기      **251**

    33 학생의 답을 비교하여 생각하게 하기      **258**

    34 학습법 안내하기      **266**

**2장** 이해를 돕는 평가하기

    35 학생 관찰하여 수업 조절하기      **276**

    36 인출기법 활용하기      **284**

    37 무작위 지명 활용하기(Cold Call)      **290**

부록 A      **298**

부록 B      **306**

참고문헌      **308**

## 이 책을 읽는 방법과 효용성

**왜 수업 실행 전략이 필요한가?**

**선생님들의 고민**

- 수업 시간에 아이들이 적극적으로 참여하게 하고 싶어요.
- 학년 초에 수업을 위해 무엇을 훈련시켜야 할지 궁금해요.
- 수업을 하다보면 어느새 아이들이 장난을 치고 있어요.
- 문제 행동이 생겨서 수업 실행이 어려워요.
- 수업 끝나는 시간을 맞추지 못해 허둥지둥 마무리해요.

교사는 아이들의 반짝이는 눈빛을 보며 보람을 느낀다고 해도 과언이 아니다. 그러나 수업을 하다 보면 다양한 고민이 생기기 마련이다. 이러한 고민을 어떻게 해결할 수 있을까?

학급 운영을 열심히 하면 교사와 학생의 관계가 좋아지고 교실에 질서가 잡히기 때문에 수업에 도움이 된다. 그러나 학급 운영을 잘했다고 해서 수업이 자연스럽게 해결되는 것은 아니다. 많은 선생님이 학년 초 학급 세우기를 잘해놓고도, 정작 수업에서는 막막함을 느낀다고 이야기하곤 한다.

학생들이 좋아하는 동기유발 활동을 계획하거나, 재미있는 활동을 중심으로 수업을 꾸밀 수도 있다. 하지만 매 수업마다 흥미로운 동기유발과 활동을 준비하는 것은 쉬운 일이 아니며, 이러한 활동이 항상 배움으로 직결되는 것도 아니다. 오히려 학생들이 즐거운 활동에만 익숙해져 지속적으로 더 자극적인 활동을 요구할 수도 있다.

재치 있는 유머나 방대한 지식을 활용해 학생들의 몰입을 이끌어내는 방법도 있다. 하지만 누구나 그렇게 할 수 있는 것은 아니다.

다행히도, 우리에게는 수업 실행 전략이라는 선택지가 있다. 수업 실행 전략은 학생들이 몰입할 수 있는 환경을 만들어주는 실질적이고 효율적인 도구다. 누구나 쉽게 배울 수 있기 때문이다. 수업 실행 전략을 익혀 수업에 대한 막막함을 해소하고, 교사와 학생 모두가 함께 성장하는 수업을 만들어갈 수 있다.

## 수업의 기본기

위대한 음악가 요한 세바스티안 바흐는 학생들에게 이렇게 말했다. "음악에서 가장 중요한 것은 기본을 이해하고 그것을 완벽히 연습하는 것이다." 그의 뛰어난 작품들은 결국 기초적인 화음과 멜로디의 철저한 연습에서 시작되었다.

피카소는 "예술가가 되기 위해서는 어릴 적 기본을 완벽히 배워야 한다"라고 말하며, 창의성과 혁신이 탄탄한 기본기에서 비롯되었음을 강조했다.

교사에게도 기본기 연습은 꼭 필요하다. 탄탄한 기본이 뒷받침되어야만 그 위에 새로운 시도와 창의적인 수업을 쌓아 올릴 수 있기 때문이다. 교사들은 자기 수업 역량을 키우기 위해 다양한 노력을 기울이지만, 그 무엇보다도 기본기를 충실히 익히는 것이 우선되어야 한다. 기본이 탄탄하지 않으면 어떤 시도도 흔들릴 수밖에 없기에, 자기 수업 기본기를 점검하고 다지는 과정이 필수적이다.

**수업에서 기본이란 무엇일까?**

수업은 '수업 계획 – 수업 실행 – 수업 성찰'의 세 단계로 구분할 수 있다. 교사에게는 기본적으로 수업을 계획하는 능력, 수업을 실행하는 능력, 그리고 수업을 돌아보는 성찰 능력이 필요하다. 이 세 가지를 수업의 기본기라 하겠다.

수업을 원활하게 실행하는 '수업 실행 능력'이 기본기 중 하나이며 이를 연습하고 닦을 필요가 있다. 수업 실행 능력은 수업 실행 전략을 익힘으로써 향상시킬 수 있다. 이 책은 수업의 기본기 세 가지 중 '수업 실행' 부분과, 수업 실행을 돌아보는 '수업 성찰'의 일부분을 다룬다. 즉, 수업 계획과 관련한 부분은 다루지 않는다.

| 수업 계획 | 수업 실행 | 수업 성찰 |
|---|---|---|

↑
**수업 실행 전략**

수업의 기본기

## 수업 실행 전략의 효과

### 문제 행동 예방

수업 중 문제 행동을 해결하려다 교사 스스로 수업의 흐름을 끊는 경우가 많다. 이러한 상황을 관찰한 교육학자 제이콥 쿠닌(Jacob Kounin)은 "교사가 수업을 방해한다"라고 표현했다. 그는 수업을 잘 실행하는 교사들의 공통점을 발견했는데, 수업이 자주 끊기는 교사들은 문제가 발생한 후에야 대처하는 경우가 많았다. 반면 수업을 매끄럽게 이어가는 교사들은 문제가 생기기 전이나 발생 직후에 적절히 개입하여 수업의 흐름을 효과적으로 유지했다.

이 책에서는 문제 행동을 예방하거나 발생 직후에 효과적으로 대처하는 방법을 다룬다. 물론 이 전략들만으로 모든 문제를 해결할 수는 없다. 하지만, 교사가 스스로 수업의 흐름을 방해하지 않으면서 문제를 관리할 수 있도록 실천 가능한 방안에 초점을 맞추고 있다. 이를 통해 교사가 보다 능숙하게 수업을 운영하고, 학생들과의 긍정적인 상호작용을 유지할 수 있다.

### 학생 참여 증진

학생들에게 학교에 왜 왔는지 물어보면, "공부하러 왔다"라고 답하는 경우도 있지만, "친구를 만나러" 또는 "급식을 먹으러" 왔다는 답변도 종종 들을 수 있다. 학생들이 교실에서 조용히 교사의 말을 듣고 꾸준히 과제를 수행하는 것은 어찌 보면 상당한 인내를 요구하는 일이다. 물론 인내심도 중요하지만, 모든 수업이 단지 인내의 연속이 되어서는 곤란하다.

학생들을 수업에 참여시키려면, 지루할 틈을 주지 않는 것이 중요하다. 여기에서 '지루할 틈을 주지 않는다'는 단순히 수업을 재미있게 만들라는 뜻이 아니다. 교사가 수업을 시작하기 전에 철저히 준비하고, 수업 속도를 적절히 조절하며(빠르게 했다가 느리게 조절), 명확한 안내와 확인 과정을 통해 수업에 변화를 준다면 학생들은 자연스럽게 몰입하게 된다. 여기에 배움으로 연결될 수 있는 수업 설계가 더해진다면 금상첨화다.

### 상호작용 증가와 학습자 주도성 강화

교사가 학생들의 몰입과 참여를 끌어내는 데 성공했다고 하더라도, 또 다른 중요한 과제가 남아 있다. 바로 상호작용을 증가시키고 학습자 주도성을 강화하는 것이다. 때로는 교사가 말하고 학생이 듣는 방식의 수업이 필요할 때가 있다. 그러나 학생들끼리 활발하게 소통하고 의견을 나누는 과정은 수업의 질을 높이며, 학생들이 학습을 능동적으로 이끌어나가도록 돕는다. 교사가 어떻게 질문하고 학생들의 답변을 이끌어가는지에 따라 수업 참여도와 상호작용의 깊이가 크게 달라진다. 학생들의 답변에 적절히 반응하면서 이를 자연스럽게 학생 간 대화로 이어가면, 교사-학생 사이의 상호작용이 학생-학생 간 상호작용으로 자연스럽게 확장될 수 있다. 이를 통해 학생들은 단순히 교사의 지시를 따르는 것이 아니라, 서로의 생각을 주의 깊게 듣고 주도적으로 문제를 해결하며 학습에 적극적으로 참여하게 된다.

특히, 모둠 활동은 학습자 주도성을 강화할 수 있는 중요한 기회이다. 하지만 학생들은 교사의 시선이 분산된다는 점을 알고 이를 놀이 시간처럼 여기는 경우가 종종 있다. 또한, 활동 방법을 몰라 어려움을 겪기도 한다. 따라서 교사는 활동을 시작하기 전에 학생들에게 서로 어떻게 상호작용해야 하는지, 역할을 어떻게 나눌 것인지, 그리고 모둠 활동에서 어떤 책임을 져야 하는지를 명확하게 안내해야 한다.

이러한 사전 안내가 이루어지면, 학생들은 스스로 역할을 정하고, 협력하면서 문제를 해결하는 과정에서 자연스럽게 학습을 주도하게 된다.

**깊이 있는 학습 촉진**

깊이 있는 학습이 이루어지지 않으면 학생들은 단순히 내용을 외우거나 겉으로만 이해하는데 그칠 수 있다. 이렇게 되면 배운 것을 실제로 활용하거나 새로운 문제를 해결하는 데 어려움을 겪게 되고, 학습에 대한 흥미와 주도적인 태도가 점점 약해질 수 있다. 이를 해결하려면 교사는 수업의 흐름을 이끌어가며 학습 목표를 명확히 제시하고, 학생들이 학습 내용을 깊이 이해하고 내재화할 수 있도록 도와야 한다.

깊이 있는 학습은 교사의 주도적인 역할(교사 주도성)과 학생들의 점진적인 참여로 이루어진다. 교사는 생각하는 과정을 직접 보여주고, 공부하는 방법을 예시로 설명하며, 학생들이 이를 따라 하면서 자신만의 학습 방법을 익힐 수 있도록 돕는다.

또한, 개방형 질문을 활용하고 사고를 자극하는 활동을 제공하며, 구체적인 학습법을 안내하는 것은 학생들이 사고력을 키우고 학습 방법을 체득하는 데 필수적이다.

### 이 책의 활용

이 책은 수업 실행 전략을 안내한다. 처음부터 차례대로 살펴보며 각 전략을 익힐 수 있다. 혹은 자신이 관심이 있는 페이지를 바로 찾아서 볼 수도 있다. 예를 들어 모둠 활동법을 알고 싶다면 해당 페이지를 바로 찾아 확인하면 된다. 또한, 이 책은 수업 실행을 성찰할 수 있도록 하였다. 사람은 스스로 목표를 세우고 방법을 찾아나갈 때 가장 잘 배운다. 체크리스트를 활용해 자신의 수업을 돌아보며 자기 장단점을 파악하고 목표를 정해 나아갈 수 있도록 했다.

성찰할 때는 혼자서 돌아보는 방법이 있고 동료들과 함께하는 방법이 있다.

### 혼자 보기

스스로 자기 수업을 돌아볼 때는 영상을 촬영하면 된다. 자기 수업을 촬영해서 돌려보면서 각 항목의 체크리스트를 활용한다. 다른 사람이 보지 않기 때문에 비판받을 염려가 없고 안전하다. 단, 내가 스스로를 객관적으로 평가하고 있는지 확신하기 어려울 수 있다.

### 함께 보기

수업을 함께 볼 때에는 영상을 찍어서 볼 수도 있고, 수업에 동료를 초대하여 직접 볼 수도 있다. 수업을 함께 볼 때에는 참관자가 수업자의 강점을 먼저 찾아주는 것이 좋다. 개선점을 이야기 나눌 때에는 수업자가 관심이 있거나 어려워하는 항목을 중심으로 이야기 나누는 것이 좋다. 단, 함께 보는 방법은 다른 사람에게 내 수업을 공개해야 한다는 부담이 크다.

## 교수 효능감과 성장

교수 효능감은 교사가 자신의 교수 능력을 신뢰하고 학생들의 학습에 긍정적인 변화를 가져올 수 있다고 믿는 정도를 의미한다. 교수 효능감은 학생들의 학습과 동기에 중요한 영향을 미치며, 교사의 전문성과 수업의 질을 향상시키는 핵심 요인이다. 앨버트 반두라(Albert Bandura)는 자기 효능감을 형성하고 강화하는 네가지 주요 요인을 제시했다.

- 성공적 수행

교사가 이전에 성공적으로 수업을 실행한 경험은 교수 효능감을 높이는 가장 강력한 요인이다. 수업에서 목표를 달성하거나 학생들이 긍정적으로 반응했던 경험은 교사에게 "나는 할 수 있다"는 확신을 심어준다.

- 대리 경험

동료 교사가 성공적으로 수업을 실행하는 모습을 관찰하는 것은 교사에게 자신감을 심어주는 또 다른 중요한 요인이다. 다른 교사의 성공 사례를 보며 "나도 저렇게 할 수 있다"는 믿음을 갖게 되고, 새로운 방법을 시도하거나 낯선 상황에 직면했을 때 자신감을 갖고 도전할 수 있도록 동기를 부여한다.

- 사회적 설득

동료, 관리자, 학생, 학부모로부터 받는 긍정적인 피드백은 교사의 자기 효능감을 높이는 데 중요한 역할을 한다. "선생님 쉽고 재미있게 가르쳐주셔서 좋았어요."와 같은 말은 교사가 스스로의 능력에 대한 확신을 갖게하며, 더 나은 수업을 하고자하는 동기를 부여한다.

- **생리학적 지표**

교사의 신체적, 정서적 상태는 자기 효능감에 영향을 미친다. 수업 중 느껴지는 편안함이나 긍정적인 감정은 효능감을 강화하며, 불안이나 스트레스는 이를 저하시킬 수 있다. 교사는 정서적 안정과 스트레스 관리 기술을 익혀 긍정적인 상태를 유지하는 것이 중요하다.

이 책을 활용하여 자기 수업을 돌아보거나 동료와 함께 연구하면 교수 효능감을 효과적으로 높일 수 있다. 수업을 관찰하고 피드백을 주고받는 과정에서 자기 성공적인 수업 경험을 되새기며(성공적 수행), 동료 교사의 수업을 보며 새로운 가능성을 발견하고(대리 경험), 긍정적인 피드백을 통해 자신감을 얻을 수 있기 때문이다(사회적 설득).

### 평가를 위한 것이 아닌 관점을 명확히 하는 도구

수업을 관찰하거나 돌아볼 때 무엇에 초점을 맞춰야 할지 막막할 때가 있다. 수업을 분석하려 해도, 어디에 주의를 기울여야 할지 모르기 때문이다. 이럴 때 체크리스트는 관찰해야할 요소를 명확히 짚어주어 유용하다.

예를 들어, 체크리스트에 '교사의 자세는 어떠한가?'라는 항목이 있다면, 관찰자는 교사가 수업 중 바른 자세를 유지하고 있는지를 확인하면 된다. 그러나 이러한 항목에서 좋은 평가를 받았다고 해서 그것이 곧바로 수업의 질이나 학생의 학습 성과로 직결된다고 단정할 수는 없다. 체크리스트는 어디까지나 교사의 교수 행위를 점검하는 보조 도구일 뿐이다.

이 책은 수업을 보는 관점을 명확히 할 수 있도록 체크리스트를 제공한다. 그러나 체크리스트가 자칫 교사를 평가하는 도구로만 활용될 위험도 있다. 평가 자체는 필요하고 유용하지만, 활용 방식에 따라 부정적인 결과를 초래할 수도 있다. 과거에는 수업 공개 후 관리자가 교사의 수업을 신랄하게 비판하던 일이 있었고, 이에 따라 수업 공개에 대한 두려움과 트라우마를 갖게 된 교사들도 있었다고 한다. 그러나 비판과 지적만으로는 교사의 성장을 이끌어 낼 수 없다. 오히려 교사는 격려와 강점에 대해 인정받을 때 성장할 수 있다.

수업 실행 전략 체크리스트는 교사가 자기 수업을 돌아보고 개선하며, 동료와 함께 성장하기 위한 도구로 활용해야 한다. 이를 단순한 평가나 비판의 도구로 삼아서는 안 된다. 이 틀이 교사들이 수업을 함께 나누고 논의하며 성장과 성찰을 위한 발판으로 활용되길 바란다.

### 수업 실행 성찰 프로세스

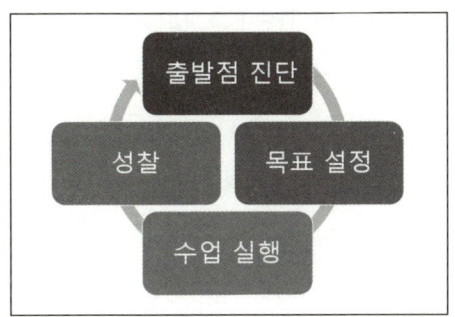

수업 실행 성찰 프로세스

운전할 때 내비게이션을 켜면 가장 먼저 수행하는 일은 무엇인가? 바로 현재 나의 위치를 찾는 것이다. 그래야 출발점을 기준으로 목적지를 설정하고 길을 찾을 수 있기 때문이다. 수업 목표를 세울 때에도 마찬가지다. 지금 나의 상황을 정확히 파악해야만 어디에서 시작해야 하고, 어떻게 목표를 향해 나아갈 수 있을지 알 수 있다.

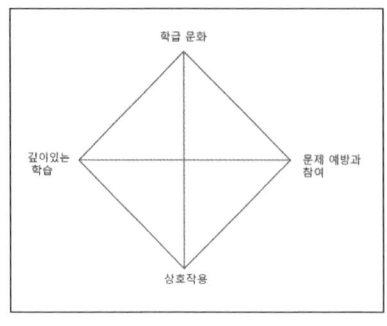 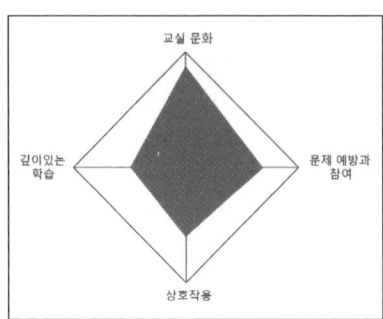

수업 실행 출발점 진단 도구 양식　　　　　　진단예시

'수업 실행 출발점 진단' 도구(부록 B)는 교사가 자기 수업 실행 전략을 점검하고 개선할 수 있도록 설계되었다. 이 도구는 '학급 문화,' '문제 예방과 참여,' '상호 작용,' '깊이 있는 학습'이라는 네 가지 핵심 영역을 마름모 형태의 꼭짓점으로 배치하여 구성되었다.

각 항목에 현재 자기 상황을 점으로 표시하고 색칠하면, 오른쪽에 제시된 '진단 예시'처럼 시각적으로 결과를 확인할 수 있다. 이를 통해 강점과 보완해야 할 부분을 한눈에 파악하고, 이를 바탕으로 목표를 설정할 수 있다.

목표를 설정할 때에는 수업자가 가장 먼저 개선해야할 필요를 느끼는 영역이나, 중요하다고 생각하는 항목을 선택할 수 있다. 목표를 설정한 다음에는 관련 전략을 익히고 수업에 적용한 후, 실행 결과를 돌아본다. 이후 목표를 조정하며 지속적으로 수업의 질을 개선해 나갈 수 있다.

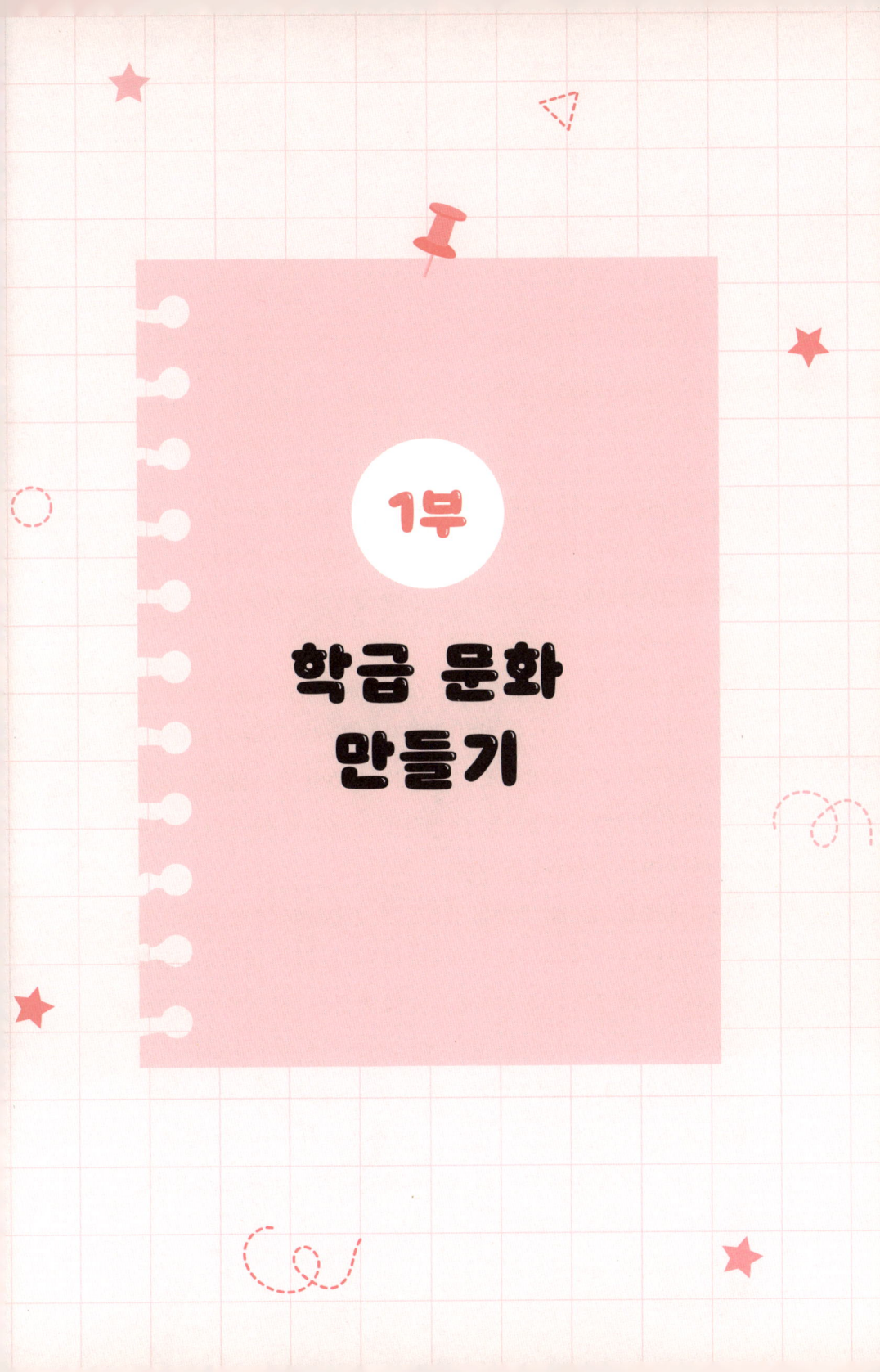

# 1부

## 학급 문화 만들기

수업은 학생을 배움의 세계로 초대하는 과정이다. 하지만, 이 초대가 성공하려면 교사와 학생 사이에 긍정적인 관계가 선행되어야 한다. 학생들과 신뢰를 바탕으로 긍정적인 관계를 형성하는 것이 학생을 배움으로 이끄는 첫걸음이다.

  하지만 긍정적인 관계를 형성한다고 해서 학생들이 원하는 것을 다 들어주어야 한다는 의미는 아니다. 교사는 학생과의 긍정적인 관계를 형성하면서도, 공동체 일원으로서 학생이 지켜야 할 책임과 약속을 강조해야 한다. <학급긍정훈육법>에서는 교사가 친절하면서도 단호한 태도를 유지해야 한다고 강조한다.

  여기에서 친절함이란 학생의 감정을 존중하고 배려하는 태도를 의미한다. 교사는 학생을 하나의 인격체로 대하며, 그들의 감정을 따뜻하게 받아주는 것이 중요하다. 하지만 동시에 학생은 공동체 구성원으로서 규칙과 책임을 지켜야 한다. 이를 위해 교사의 단호함이 필요하다.

  교사는 공동체의 규칙을 일관성 있게 강조하고, 학생이 잘못된 행동을 했을 때 스스로 책임지도록 이끄는 단호함을 보여야 한다. 따뜻한 존중과 분명한 기준을 함께 갖출 때, 학생과의 긍정적인 관계 속에서 건강한 학습 환경을 만들어갈 수 있다.

  1부의 특징과 목적은 아래와 같다.

  1부에서 소개하는 기법들은 수업을 실행하는 과정에서 문제 행동을 예방하고 효과적으로 대처하며, 학생들을 배움의 장으로 초대하는 데 초점을 맞추고 있다. 특히, 교사가 실제 수업에서 즉시 활용할 수 있는 실질적인 전략들로 구성되어 있다.

  이러한 전략들은 한두 번 사용하고 끝나는 것이 아니라, 수업을 방해하지 않으면서도 꾸준히 적용할 수 있는 핵심 기술들이다. 이를 통해 교사는 일관되고 효과적인 수업 환경을 조성하며, 학생들이 안정적으로 학습에 몰입할 수 있도록 지원할 수 있다.

# 1장
# 신뢰하고 도전하는 교실 문화 만들기

"학급 세우기를 하거나 생활지도를 하느라 시간을 많이 허비해서 정작 수업에 시간을 많이 못 쓰는 것 같아요."

한 선생님이 고민을 털어놓았다. 학급 운영이나 생활지도를 하느라 수업 시간을 허비한다는 의미이다. 하지만 학급 운영이나 생활지도가 수업과 대립되는 것은 아니다.

"선생님께서 지도하신 내용은 교과서에 나와 있지는 않지만, 우리가 가르치는 목적에 부합하는 중요한 내용이에요. 그래서 그것 또한 굉장히 중요한 수업 내용이지요. 선생님께서 융통성을 발휘해서 학생들을 지도하신 것은 현명한 판단이었다고 생각해요."

우리가 가르쳐야 할 것은 교과서에 담긴 내용만이 아니다. 학생들이 자신이 어떤 사람인지 이해하고, 다른 사람을 존중하며, 공동체에서 살아가는 방법을 배우는 것 역시 중요한 교육의 한 부분이다. 따라서 학급 운영과 생활지도에 할애하는 시간은 수업 시간을 낭비하는 것이 아니라, 그 자체로 의미 있는 교육과정이자 수업이라 할 수 있다.

학년 초에는 서로를 알아가고 신뢰하는 분위기를 조성하기 위해 학급 세우기 활동을 진행한다. 이는 학생들이 배움의 세계로 자연스럽게 들어올 수 있도록 돕기 위해 기반을 다지는 과정이다.

그러나 신뢰와 도전의 문화는 학년 초 몇 차례의 활동만으로 형성되지 않는다. 오히려 학급 문화는 교사가 학생을 대하는 태도에서 더 큰 영향을 받는다. 왜냐하면 교사의 말과 행동은 학생들에게 지속적으로 영향을 미치기 때문이다. 따라서 학급의 문화는 교사의 철학에 기반한 말과 행동을 통해 형성된다고 할 수 있다.

'신뢰하고 도전하는 교실 문화 만들기'는 이러한 교사의 태도에 초점을 맞추고 있다.

이 장에서는 교사가 학생의 신뢰를 얻기 위해 말과 행동을 어떻게 해야 하는지, 1년 동안 실천할 수 있는 루틴을 구체적으로 안내한다. 또한, 학생들을 존중하고 격려하며 수업으로 초대하는 문화를 만들기 위한 4가지 전략을 제시한다.

## 1 긍정적 상호작용하기

 교사가 학생들과 의미 있는 관계를 형성하기 위해서는 긍정적으로 상호작용을 해야한다. 이를 위해 수업 중에는 학생과 적절히 눈을 맞추며 이름을 부르고, 학생이 했던 말이나 행동을 기억하며 반응하는 것이 중요하다. 또한, 교실에 들어서는 학생들을 반가운 마음으로 정성껏 맞이(환대)하고, 그들의 관심사를 기억하여 자연스럽게 대화에 녹이는 것도 효과적인 방법이다.
 그러나 긍정적인 관계 형성이 무조건적인 수용을 의미하는 것은 아니다. 때로는 학생의 요구를 적절히 거절할 줄 아는 단호함도 필요하며, 이러한 균형 잡힌 태도가 신뢰를 바탕으로 한 건강한 교사-학생 관계를 만들어 준다.

### 상황

 양 선생님은 학생들과 관계를 잘 맺고 싶다. 수업을 잘 이끌기 위해서는 관계가 먼저라는 것을 잘 알기 때문이다. 그래서 될 수 있으면 학생들의 요구를 들어주는 것이 좋다고 생각했다. 수업을 시작하려고 하는데 한 학생이 말했다.

"선생님 우리 놀이하면 안 돼요?"

양 선생님은 잠시 고민했지만, 학생들의 요구를 들어주면 학생들과 좋은 관계를 형성할 수 있을거라 믿었다. 그래서 밝은 목소리도 대답했다.

"그래 오늘은 특별히 선생님이 놀이해줄게."

학생들은 환호성을 지르며 신이 났다. 교실은 금세 활기찬 분위기로 가득 찼다. 그런데 놀이 도중, 형규가 장난을 치다가 친구에게 욕을 했다. 양 선생님은 순간 멈칫했지만, 이내 마음속으로 생각했다.

'기분 좋게 노는 시간인데 이번에는 넘어가 주자'

그래서 아무 말 없이 놀이를 계속 실행했다.

학생과 긍정적인 상호작용을 해야 하는 이유는 학생을 배움의 길로 이끌기 위해서다. 위 사례에서 양 선생님은 학생들과 좋은 관계를 형성하기 위해 학생의 요구를 들어주었고, 좋은 분위기를 유지하기 위해 잘못된 행동을 보고도 그냥 넘어갔다. 그러나 긍정적인 상호작용이 곧 모든 행동을 긍정적으로 수용해야 한다는 의미는 아니다.

학생이 잘못했을 때, 교사는 이를 묵인하기보다 올바르게 직면해야 한다. 교사의 역할은 학생이 스스로 판단하고 책임감 있는 행동을 할 수 있도록 돕는 것이다. 학생의 잘못까지 수용한다면 학생이 스스로 돌아보고 반성할 기회를 놓치게 될 수 있다.

양 선생님의 사례에서 학생들은 수업 대신 놀이를 하자고 했고, 양 선생님은 이를 받아들였다. 학생들은 이러한 선생님의 배려에 감사해 하며 다음에는 더 열심히 공부하려고 할까? 물론 그런 학생도 있을 수 있지만, 수업 대신 놀이를 요구하는 학생들이 많아질 가능성이 더 높다. 그때마다 학생들에게 수업 대신 놀이를 해줄 수는 없다. 이러한 상황이 반복될수록 양 선생님은 부담을 느낄 수밖에 없다.

또한, 놀이 실행 과정에서 규칙을 어긴 학생을 보고도 그냥 넘어간 것은 학생들에게 '이렇게 해도 되는구나'라는 잘못된 인식을 심어줄 수 있다. 좋은 분위기가 살짝 경직되는 불편함을 감수하고서라도 짚고 넘어갈 필요가 있다.

이런 상황에서는 중요한 절차를 깨기보다는, 학생들에게 명확한 기준을 제시하고 적절히 거절하는 것이 중요하다. 학생과의 관계를 건강하게 유지하면서도 학급 문화를 안정적으로 형성하려면 긍정적인 상호작용 방식이 필요하다.

### 긍정적 상호작용하기 방법

- 환대하기
- 학생과 눈 맞추기
- 학생 일화를 기억하고 수업 내용 연결하기
- 학생 일화를 기억하고 스몰 토크(small talk) 하기
- 적절히 거절하기

### 환대하기

교실은 학습하는 공간이자 함께 생활하는 장소다. 그리고 그 공간에 대한 느낌은 교실을 채우는 사람에 의해 결정된다. 만약 교사가 학생들

을 따뜻하게 맞이하며 인사를 건넨다면, 학생들은 교실을 보다 친근하고 편안한 공간으로 인식할 것이다. <잡담의 힘>에서는 따뜻한 분위기를 만드는 세 가지 요소를 다음과 같이 제안한다.

### 먼저 인사하기
학생이 인사하기를 기다리지 말고 교사가 먼저 인사를 건네보자.

### 미소 짓기
바쁘게 업무를 처리하다 보면 표정 관리에 소홀해지기 쉽다. 특히 학생들이 등교할 때 교사가 무표정으로 맞이하면, 교실 분위기가 다소 딱딱해질 수 있다. 잠시 시간을 내어 학생을 바라보며 미소를 지어보자. 따뜻한 표정은 학생들에게 편안함을 주고, 교실을 보다 친근한 공간으로 느끼게 해준다.

### 목소리 톤 높이기
놀이공원에서 반갑게 맞이하는 직원들의 목소리를 떠올려 보자. 높은 톤의 밝은 목소리는 따뜻한 분위기를 형성하는 데 도움이 된다. 학생이 교실에 들어올 때, 웃는 얼굴로 조금 더 밝은 톤으로 인사해 보자.
"어서 와!", "○○이 왔구나!"

어떠한 기법이나 전략보다 중요한 것은 교사의 태도다. 학생들이 교실에 들어올 때 환하게 웃으며 먼저 인사해 보자. 이를 지켜보는 학생들도 자연스럽게 따뜻함을 느낄 것이다.

### 학생과 눈 맞추기

언어보다 사람의 감정을 더 잘 전달하는 것은 비언어적 표현이다. 특히, 눈빛과 얼굴 표정은 많은 것을 말해준다. 교사가 학생들을 어떤 시선으로 바라보는지는 매우 중요하다. 사람은 누구나 다른 사람의 마음을 어느 정도 읽을 수 있으며, 학생들도 마찬가지다.

학생들을 믿음과 기대에 찬 눈빛으로 바라보고 눈을 맞추자. 그러면 학생들도 교사의 진심을 느낄 수 있을 것이다. 단, 대화 없이 한 학생을 3초 이상 응시하면 부담을 줄 수 있으므로, 자연스럽게 시선을 맞추는 것이 중요하다.

### 학생의 일화를 기억하고 수업 속 내용과 연결하기

영화 속 남주인공이 깜짝 선물을 내밀자, 여자 주인공이 놀라며 말한다.

"내가 무심코 한 말을 기억한 거야"

여자 주인공이 감동한 이유는 무엇일까? 사람은 자신이 한 말과 행동을 기억해주는 사람에게 자연스럽게 호감을 느낀다. 교사가 학생들의 말을 주의 깊게 듣고 기억하는 것도 같은 맥락에서 중요하다. 학생의 말과 행동을 기억하는 것은 단순한 기억력이 아니라, 관심과 존중의 표현이기 때문이다.

수업 시간에 학생이 했던 말을 기억하여 수업 중 언급해 보자.

"저번에 지후가 글을 쓰기 전에 머릿속에서 시뮬레이션을 돌려야 한다는 말 기억하니? 맞아. 글쓰기를 할 때에는 지후처럼 시뮬레이션을 돌려보는 게 중요해."

또한 학생과 생활하는 아침, 쉬는 시간, 점심시간의 에피소드를 기억하여 수업과 연결할 수도 있다.

"지인이가 체육관에 들어온 새를 보고 선생님에게 달려와서 알려줬던 거 기억해? 그때 정말 감동했어. 작은 새를 걱정하는 지인이의 따뜻한 마음이 전해졌거든."

수업 중 학생의 이름을 자주 부르고, 그들의 이야기를 자연스럽게 언급하면 교사의 진심이 잘 전달된다. 학생들은 자신이 존중받고 있다는 느낌을 받으며, 교사와의 신뢰도 깊어질 것이다.

### 학생에 대한 일화를 기억하고 스몰 토크(small talk) 하기

'학생의 일화를 기억하고 수업 속 내용과 연결하기'는 수업 중에 할 수 있다. 반면 스몰 토크는 아침 자습시간, 쉬는 시간, 점심시간 등에 사용할 수 있다. 스몰 토크는 일종의 잡담이라 할 수 있다. 그리 중요하지 않지만 편하게 나눌 수 있는 이야기이다. 우리는 사적인 대화를 통해 사람들과 친해지고 관계를 맺는다. 사적인 대화는 교사와 학생의 관계를 더 돈독하게 한다. 중요한 것은 학생에게 관심을 가지고 학생의 관심사나 생활을 기억하는 것이다. 그러한 정보는 학생의 말, 일기나 생활 글쓰기 과제, 관심사나 마음을 드러내는 수업 활동 등에서 발견할 수 있다. 스몰 토크는 학생과 주고받는 대화일 수도 있지만 교사가 혼자 학생에게 건네는 친교의 말이 될 수도 있다.

- 대화 예시

반려동물 대화 : "(강아지) 빵이는 잘 있니?"

학생이 좋아하는 아이돌 대화 : " BTS 최근 노래 좋더라."

학생이 좋아하는 스포츠 대화 : " 요즘 기아가 잘 나가던 데."

외모와 관련한 대화 : "오늘 헤어스타일 좋은데! "

### 적절히 거절하기

사례와 같이 절차에 어긋나는 학생의 요구를 기분에 따라 받아주다 보면, 나중에 그 요구를 거절할 때 학생은 더 큰 좌절감을 느낄 수 있다. 이는 교사와 학생 간의 신뢰 관계를 훼손할 위험이 있다. 교사가 지금 당장 불편하더라도 학생의 감정을 먼저 이해해주고, 지금 해야 할 것의 중요성을 강조하며 적절히 거절하는 것이 좋다. 예를 들어, "놀이를 하고 싶구나. (마음 이해) 그런데 지금은 수업을 해야 할 시간이야. (거절)"와 같이 말한다면, 일관된 교실 절차를 유지함으로써 학생에게 신뢰와 안정감을 줄 수 있다.

### 1. 긍정적 상호작용하기

학생들에게 따뜻한 환대와 관심을 보이고, 눈맞춤이나 스몰 토크로 소통하며 일관된 태도로 적절히 거절한다면, 학생들과 긍정적인 관계를 형성하고 학습에 몰입할 수 있는 환경을 조성할 수 있어요.

**성찰 질문**

- 수업 중에 어떠한 방식으로 학생들과 긍정적 상호작용을 하고 있나요?
- 학생을 환대하며 맞이하나요?
- 학생과 적절히 눈맞춤 하고 이름을 자주 불러주나요?
- 학생의 말과 행동을 자세히 관찰하고 기억하나요?
- 절차나 규칙에 어긋나는 학생의 요구는 적절히 거절하나요?

## 격려하기

 격려하는 학급 문화를 만들기 위해, 교사는 심판자 역할을 하기보다는 학생들에게 도움을 주는 역할을 해야 한다. 심판자 역할을 하게 되면 부정적인 면에 집중하게 되어, 적절한 행동을 강화하기 어려워진다. 따라서 적절한 행동을 강화하려면 칭찬하고 격려해야 한다. 이때 격려가 필요한 상황과 사용할 수 있는 말을 알고 있다면 효과적으로 격려할 수 있다. 다만, 교사의 말과 행동은 하룻밤 사이에 바뀌지 않으므로, 자기 언어 습관을 돌아보고 점검하며 꾸준히 연습하는 노력이 필요하다.

#### 상황 1
 국어 수업 시간, 학생들이 돌아가며 읽기를 하고 있다. 하지만 형석이는 자기 순서가 되었음에도 읽어야 할 부분이 어디인지 몰라 당황한다. 주변 친구들이 눈치와 "어디 읽는지 모르니? 수업에 집중 안 했구나."라는 양 선생님의 말씀에 형석이의 당황스러움은 커진다.

#### 상황 2
 일동이는 수업 중 반복적으로 규칙과 절차를 어기며 선생님에게 자주 지적을 받는 학생이다. 오늘도 한 시간 동안 서너 번 이상 지적을 받았다. 양 선생님은 일동이와 좋은 관계를 유지하며 수업을 하고 싶어 한다. 그러나 잦은 지적으로 인해 일동이의 표정은 침울해졌고, 양 선생님의 마음에도 찜찜함이 스며들고 있다.

일반적으로 교사는 학생의 올바른 행동을 칭찬하기보다는 부적절한 행동을 지적하는 경우가 많다. 이는 학생이 부적절한 행동을 멈추고 올바른 행동을 할 수 있도록 유도하려는 의도에서 비롯된다. 그러나 부적절한 행동을 지속적으로 지적하면 오히려 그 행동이 강화될 위험이 있다. 반대로, 올바른 행동을 격려하면 그 행동이 더 빈번하게 나타날 가능성이 커진다. 따라서 교사는 의도적으로 긍정적인 행동을 격려하는 횟수를 늘려야 한다.

### 격려하는 방법

- '도움을 주는 사람'으로서의 교사 역할상 정하기
- 상황에 따른 격려 말 활용하기
- 사적으로 격려하기
- 표정과 제스처로 격려하기
- 의식적으로 격려하기: 시각화하고 점검하기
- 역·도·바 회의하기 (노력한 점, 도움을 주고 받은 점, 바라는 점)

*격려란 아이에게 교사의 신뢰, 존중 그리고 믿음을 행동으로 표현하고, 아이의 결점 때문에 아이의 가치가 훼손되지 않는다는 것을 보여주는 것이다.*

『아들러와 함께하는 행복한 교실 만들기』 중에서

### '도움을 주는 사람'으로서의 교사 역할상 정하기

예시에서 형석이는 딴생각에 잠시 빠져 자기 순서를 놓치고 말았다. 이에 교사는 형석이가 수업에 집중하지 않았다고 판단하여 훈계를 시작한다. 학생이 정말 집중하지 않았는지 아니면 집중하다가 잠시 벗어났는지 판단하는 것은 쉽지 않다. 예를 들어, 앞서 읽은 내용과 관련된 생각에 잠겨 있었거나, 뒷부분에 대한 궁금증으로 인해 일시적으로 집중이 흐트러졌을 가능성이 있다. 학생이 정말 집중하지 않았는지, 잠시 주의가 분산된 것인지 판단하기는 어렵다. 그러므로 학생의 행동을 단정하기보다는, 학생이 집중하려 노력하는 중 잠시 놓친 것으로 보고 도움을 주는 자세를 취하는 것이 더 효과적이다.

자기 순서에서 읽어야 할 부분을 찾지 못하는 학생은 당황하기 마련이다. 이는 이미 자기 혼란이나 실수를 인지하고 있다는 증거이다. 그런 상황에서 다른 사람의 지적이나 비난은 학생을 위축시키기 쉽다. 반면, 교사가 "78쪽 두 번째 줄이야."와 같이 도움을 주면, 학생은 선생님에게 감사함을 느끼며 스스로 더 집중하려고 노력할 가능성이 크다. 만약 그럼에도 학생이 찾지 못한다면, 교사는 다가가서 직접 해당 부분을 가르쳐 줄 수 있다. 지적은 수업을 방해할 뿐만 아니라 학생과의 관계를 해칠 위험이 있으므로, 도움을 주는 방식이 바람직하다.

교사의 지시에 반항하거나 학급 규칙이나 절차를 명백히 어기는 경우가 아니라면, 학생의 행동에 대해 즉각 판단을 내리지 말고 학생이 노력하고 있다는 기본 전제를 가지고 격려하고 도와주자. 이렇게 하면 학생은 '내가 어려움을 겪을 때 선생님은 나를 도와줘'라고 기대하게 될 것이다. 사람은 말을 하지 않아도 상대가 나에게 어떤 기대를 하고 있는지 알아차리는 능력이 있다.

### 상황에 따른 격려 말 활용하기

언제 어떤 격려를 해야 하는지 알면 학생들을 효과적으로 격려할 수 있다. 보통은 학생이 성장하고 성공했을 때 칭찬을 아끼지 않지만, 성공과 성장은 결과에 불과해 잠시일 뿐이다. 오히려 성장과 성공을 향해 노력하고 도전하는 긴 과정에서 격려를 아끼지 않는 것이 중요하다.

- 상황을 관찰하며 노력한 모습을 구체적으로 격려한다.
 "포기하지 않는 태도가 멋지다." (태도)
 "수업 시간에 굉장히 집중하던데." (수업 집중)
 "용기를 내 발표하는 모습 멋졌어." (발표)
 "이번 시간에 그린 것 눈에 띄던데." (결과물)

- 학생이 어려움을 겪는 상황에서 동기를 북돋는다.
 "조금만 더 해보자." "할 수 있어." "힘들지."

- 결과보다 앞으로의 성장 가능성에 주목하며 격려한다.
 "앞으로가 더 기대되는데." "앞으로 더 좋아질 것 같아."

- 전보다 성장한 점에 초점을 맞추어 격려한다.
 "전보다 이점이 나아졌네." "전보다 실력이 늘었네."

### 사적으로 격려하기

사적인 격려는 공개적으로 칭찬하는 것과 달리, 학생 개인에게 따로 따뜻한 말을 건네는 것을 의미한다. 개별적으로 격려하면 공개적인 격려가 부담스러운 학생도 편안하게 받아들일 수 있다. 또한, 개인적인 관심과 피드백으로 느껴져 신뢰감이 높아진다.

- 조용히 다가가 말하기

학생이 작성한 과제나 발표 후, 개인적으로 직접 이야기하며 구체적인 칭찬과 격려의 메시지를 전달한다.

- 일대일 대화의 시간 마련하기

수업 전후나 쉬는 시간에 학생과 잠시 만나, 노력이나 성과에 대해 직접 이야기하며 격려한다.

- 짧은 메모 남기기

쪽지나 학습 관리 시스템의 개인 메시지를 이용해, 공개적인 자리에서 말하기 어려운 따뜻한 격려의 말을 전한다.

### 표정과 제스처로 격려하기

때로는 말보다 표정과 제스처가 교사의 진심을 효과적으로 전달할 수 있다. 조용한 수업 분위기나 잠깐 스쳐 지나가는 순간에도, 말없이 미소를 짓거나 엄지를 들어 올리는 것만으로도 학생을 충분히 격려할 수 있다. 다만, 항상 미소만을 지어야 한다고 생각할 필요는 없으며, 상황에 맞는 적절한 표정과 제스처를 선택하는 것이 중요하다.

- 잠시 미소 짓기

한순간의 미소로 "잘했다, 계속 잘하고 있어"라는 긍정의 메시지를 전달할 수 있있다. 고개를 끄덕이면 더욱 긍정적인 메시지를 전달할 수 있다.

- 엄지 들어 올리기

학생이 노력하거나 좋은 모습을 보일 때, 엄지를 들어 올려 격려의 뜻을 전할 수 있다.

- 어깨에 손 올리기

때로는 어깨에 손을 올리는 간단한 제스처 하나로도 학생에게 따뜻한 격려를 전달할 수 있다.

### 의식적으로 격려하기: 시각화하고 점검하기

몸의 건강을 위해 꾸준히 운동해야 한다는 것은 모두가 잘 알고 있다. 그러나 바쁜 일상에서는 운동을 가장 먼저 잊어버리듯, 교실에서도 칭찬과 격려를 지속하는 일이 종종 뒷전으로 밀릴 수 있다. 운동 기록을 작성하고 시각적으로 확인하는 것이 꾸준한 운동에 도움이 되듯, 내가 학생들에게 얼마나 칭찬과 격려를 했는지 점검하는 것도 중요하다. 스스로 적절한 행동에 대해 칭찬과 격려하는 비율과 부적절한 행동을 지적하는 비율을 확인해 보자. 연구에 따르면 이상적인 칭찬과 지적의 비율은 3:1 (Fredrickson, 2005) 또는 5:1 (Gottman,1992)이라고 하지만, 현실에서는 2:1 정도의 목표를 설정하는 것도 의미가 있다.

- **토큰 옮기기**

격려할 때마다 토큰(예: 구슬이나 클립)을 한 상자에서 다른 상자로 옮겨 격려 횟수를 시각화하는 방법이다. 구체적인 방법은 다음과 같다.

① 두 개의 상자를 준비한다.
② 한쪽 상자에만 구슬이나 클립을 채워 놓는다.
③ 칭찬과 격려를 할 때마다 구슬이나 클립을 다른 빈 상자로 옮긴다.
④ 하루가 끝난 후 토큰의 이동 상황을 점검한다.

이 과정을 통해 학생들에게 칭찬과 격려를 얼마나 자주 했는지 시각적으로 확인할 수 있으며, 이를 수치화해 개선점을 도출할 수 있다. 또한, 옮긴 토큰이 적을 때 교사는 자연스럽게 격려할 기회를 의식적으로 찾게 되어, 격려 횟수를 늘리는 데 도움이 된다.

### 역·도·바 회의하기

교사의 격려도 중요하지만, 학생들 스스로 서로의 노력과 기여를 인정하고 격려하는 분위기를 만드는 것도 매우 중요하다. '역·도·바 회의'는 학생들이 자신이 노력한 점, 다른 친구들에게 도움을 주거나 받은 점 그리고 학급에 바라는 점을 자유롭게 이야기하며 서로를 격려하는 학급회의 방식이다.

### 노력한 점

학생들은 스스로 성장하기 위해 노력한 점을 공유한다. 예를 들어, "수업 시간에 누워있지 않으려고 노력했어요."라는 발언을 통해, 비록 교사의 기준에는 미치지 못할지라도 학생이 자신만의 방식으로 최선을 다하고 있음을 알 수 있다. 교사가 모든 학생의 노력을 세세하게 관찰하기는 어렵지만, 학생들이 직접 자기 노력을 이야기함으로써 자신이 기울인 노력을 스스로 재확인하고, 교사는 새로운 시각으로 학생들을 바라볼 수 있는 기회를 얻는다.

### 도움을 주거나 받은 점

학생들은 친구나 선생님을 돕거나 학급에 기여한 부분에 대해 고마운 점을 말한다. 도움이라는 용어 대신 '기여'라는 말을 사용하여 역.기.바 회의로 표현해도 좋다. 예를 들어, "OO이가 제가 어려워하는 찰흙으로 슬라이드 만드는 것을 도와줘서 고마워요."와 같이 서로의 도움에 감사를 전한다. 이러한 공개적인 감사 표현은 도움을 준 학생에게 큰 기쁨과 자부심을 심어주고, 공동체에 속해 있다는 소속감을 강화한다. Grant & Gino(2010)는 감사의 표현은 '돕는 사람은 자기 효능감을 향상시키고, 존중받는 느낌을 받게 하여 친 사회적 행동을 증진 시킨다'라고 했다. 작은 감사 표현은 다시 도움을 줄 가능성을 두배 이상 증가시키고, 도움을 준 사람이 사회적으로 가치 있다고 느끼게 해준다. 미래에 더 많은 도움을 주도록 했을 뿐 아니라 다른 사람들에게도 긍정적 영향을 미친다. 학생들은 친구나 학급에 기여한 점을 나누며 서로 연결되는 경험을 하게 된다.

### 바라는 점

학생들은 학급에 바라는 점이나 개선이 필요한 사항을 자유롭게 이야기한다. 예를 들어, "점심시간에 음악을 듣고싶어요.", "급식시간에 밀치는 친구가 있어 불편해요."와 같은 발언을 통해, 학생들은 수동적으로 지시를 따르는 존재가 아니라, 능동적으로 학급의 발전에 참여할 수 있는 주체임을 보여준다. 이를 통해 학급 구성원 모두가 함께 성장하고, 스스로 필요와 요구를 반영해 나갈 수 있는 환경을 조성할 수 있다.

### 2. 격려하기

학생들에게 긍정적인 행동을 격려하고, 상황에 맞는 표현과 제스처를 활용해 의식적으로 격려하면 학생들이 자신감을 갖고 학습과 공동체 활동에 적극적으로 참여할 수 있어요.

### 성찰 질문

- 나는 주로 심판자처럼 생각하나요? 격려자처럼 생각하나요?
- 상황에 따라 격려 말과 표정, 제스처를 적절히 활용하나요?
- 학생의 성향에 따라 격려하나요?
- 격려를 더 자주 하기 위한 장치를 마련하나요?
  (예: 시각화 및 점검, 역·도·바 회의)

## 3 틀려도 괜찮아

    교사가 "틀려도 괜찮아"라고 말한다고 해서 학생들이 틀려도 괜찮다고 인식하지는 않는다. 우리는 도전하고 실패하는 과정에서 배운다. 만약 틀리는 것이 두렵다면, 시도조차 하지 않아 배움의 기회를 잃게 된다. 캐럴 드웩은 실패를 딛고 일어서는 힘을 "성장형 사고방식(growth mindset)"이라고 표현했다. 이러한 문화를 조성하기 위해서는 교사가 정답만을 찾으려는 태도를 멀리해야 한다(전략 3, 26p 참조). 학생들에게
    "틀려도 괜찮다"라는 신호를 보내기 위해서는 그들의 답변을 모두 긍정적으로 받아들이고, 틀림이 배움에 얼마나 큰 도움이 되는지를 강조해야 한다. 이를 통해 학생들은 틀리는 것이 배움의 일부이며, 성장에 기여한다는 인식을 갖게 될 것이다.

### 상황

    나는 수업에 열심히 참여한다. 학습지를 모두 푼 후에 함께 풀어보는 시간이었다. 양 선생님이 '발표해 볼 사람?'하고 물었다. 나는 선뜻 답을 말하기가 망설여졌다. '내가 틀리면 어떡하지. 틀린 답을 말하면 친구들이 웃지 않을까?'라는 걱정이 앞섰다. 하지만 용기를 내서 손을 들었다.

선생님이 나를 지목하며 "A가 발표해 보세요."라고 하셨다. 내가 발표를 마치자 선생님은 "좋은 시도였어요."라고 칭찬하시고 곧바로 B에게 발표를 시켰다. B가 정답을 말하자 선생님은 밝은 얼굴로 다음 문제로 넘어갔다. 나는 속으로 생각했다.

'바보같이 오답을 발표하다니. 다음부터는 정답이라는 확신이 들 때만 발표해야지.'

많은 사람 앞에서 발표하는 일은 언제나 두려운 일이다. 대중 앞에 서면 누구나 떨고 두려움을 느끼며, 학생들뿐만 아니라 성인들도 그 공포를 경험한다. 교실에는 A 처럼 용기를 내서 발표하는 친구들이 있다. 양 선생님은 오답이지만 "좋은 생각"이라고 칭찬하고 넘어가고 있다. 하지만 A는 알고 있다. 선생님이 정답을 찾고 있었다는 것을. 선생님은 학생이 실망하지 않도록 오답을 말한 A에게 '좋은 시도'였다고 말해줬다. 하지만 안타깝게도 A는 선생님의 배려하는 말보다는 정답에 반응하는 선생님의 행동에 더 큰 영향을 받는다. 정답을 확인하고 다음 활동으로 넘어가는 양 선생님의 행동이 A와 이를 지켜보는 학생들에게는 '틀려도 괜찮지 않음'을 암시한다.

교사들은 강조한다. "틀려도 괜찮아." "도전해 보자." 하지만 학생들은 그러한 말보다 교사가 자신들의 발표에 어떻게 반응하는지에 더 큰 영향을 받는다. 틀린 답을 배움의 기회로 연결하기 위해서는, 교사가 보다 세심하게 접근해 학생들이 실패를 긍정적인 경험으로 받아들일 수 있도록 해야 한다.

### 틀려도 괜찮은 교사의 반응 방법

- 정답 찾기 반응을 인식하고 활용하기
- 정답을 밝히지 않고 학생의 답변을 모두 받아들이기
  - 정답인지 아닌지 표정에 드러내지 않기
  - 학생 발언을 판서하기
- 오답이 배움에 얼마나 큰 도움이 되었는지 밝히기

### 정답 찾기 반응을 인식하고 활용하기

학생이 정답을 말하면 다음 단계로 넘어가는 교사의 반응을 '정답 찾기'라고 한다. 교사가 습관적으로 정답 찾기를 할 경우, 학생들은 틀리면 괜찮지 않다고 느낄 수 있다. 교사가 정답이 나오면 다음으로 넘어가는 행동은 교사가 정답을 중시하고 있음을 무언중에 암시하기 때문이다. 교사가 학생들의 모든 생각을 받아들인다고 느낄 때 학생들은 용기를 내어 자기 생각을 말할 수 있게 된다. 학생 모두의 생각을 받아들이고 정답 찾기를 적절할 때 활용하는 것이 '틀려도 괜찮은' 교사의 반응이다.

### 정답을 밝히지 않고 학생의 답변을 모두 받아들이기

- 정답인지 아닌지 표정에 드러내지 않기
- 학생 발언을 판서하기

정답을 밝히지 않는다는 것은 두 가지 과정을 포함한다.
첫 번째는 교사가 표정에서 정답인지 아닌지를 드러내지 않는 것이다.

수업 중 교사는 무의식적으로 정답에 대해서는 밝은 표정을, 오답에 대해서는 무표정한 반응을 보이기 쉽다. 따라서 학생의 발표가 정답이든 오답이든 일관된 표정으로 반응하면, 학생들이 교사의 표정에서 힌트를 얻어 스스로 판단하는 것을 줄일 수 있다.

두 번째는 교사가 학생들의 발언을 판서하는 것이다. 모든 학생의 발표를 귀담아듣고 기억하기는 어렵다. 여러 명의 말을 들으면 그 내용이 쉽게 휘발되어 잊혀질 수 있다. 따라서 학생들의 발언을 칠판에 기록하면, 오답이든 정답이든 각 학생의 생각이 소중하게 여겨진다는 느낌을 줄 수 있다. 또한, 모든 학생의 말이 칠판에 기록되어 있으면, 함께 정답을 찾아가는 과정도 용이해진다.

### 오답이 배움에 얼마나 큰 도움이 되었는지 밝히기

학생들의 생각을 칠판에 적어두면, 서로의 의견을 공유하기가 훨씬 수월해진다. 이 과정에서 교사는 학생들이 왜 그런 생각을 했는지 질문하며 활발한 토론을 유도할 수 있다. 충분한 의견 교류가 이루어진 후, 정답을 밝힐 적절한 시기가 다가온다. 정답을 공개하면 정답을 맞춘 학생은 환호하겠지만, 오답을 주장했던 학생들은 당황하거나 좌절할 수 있다. 이러한 상황에서는 오답을 제시한 학생에게도 긍정적인 피드백을 제공해야 한다. 왜냐하면, 정답만을 외우는 것보다 정답과 오답을 비교하며 사고하는 과정에서 학생들이 더 깊이 있고 효과적으로 배울 수 있기 때문이다.

**예시**

"오답을 말한 사람은 실망할 필요가 없어요. 틀릴 수 있다는 부담을 무릅쓰고 용기 있게 자기 생각을 말해준 사람 덕분에 우리는 더 많은 것을 배울 수 있었어요. 예를 들어 '어류'에 대해서 배운다고 생각해 봅시다. 어류인 고등어와 상어만을 볼 때보다, 비 어류인 고래를 같이 볼 때 우리는 '어류'를 더 잘 이해할 수 있어요. 마찬가지로 정답만 듣고 이해하는 것보다 정답과 정답이 아닌 것을 같이 놓고 생각할 때 우리는 더 잘 이해할 수 있어요. 정답을 말해준 사람뿐 아니라 오답을 말해준 사람도 우리의 배움에 큰 기여를 했어요. 둘 모두에게 박수를 쳐 줍시다."

### 3. 틀려도 괜찮아

학생들의 답변을 모두 받아들이고, 오답을 배움의 기회로 삼아 긍정적으로 피드백하면 학생들이 틀릴 두려움을 극복하고 적극적으로 학습에 참여할 수 있어요.

### 성찰 질문

- 정답 찾기를 하고 있지는 않나요?
- 정답인지 아닌지 표정에 드러내지 않나요?
- 학생의 발언을 모두 받아들이나요?
- 오답이 배움에 도움이 되는지 밝혀주나요?

## 4
## 배움에 도전하도록 하기

 학습은 미지의 영역을 탐험하며 도전하고 실패를 통해 배움을 얻는 과정이다. 물론 학생들에게도 좌절의 순간이 있다. 내용이 어려워 더 이상 나아가기 어렵거나, 긴 시간 집중하다 보면 집중력이 떨어지는 경우이다. 이러한 때에는 학생들을 질책하기보다 마음을 읽어주며 조금 더 힘을 내도록 북돋아 주어야, 학생들이 다시 힘을 내어 마무리할 수 있게 된다. 사람은 자신이 왜 이 일을 하는지, 그것이 삶에 얼마나 도움이 되는지 이해하고, 더 효율적인 방법을 알게 될 때 지속하려는 의지를 갖게 된다.

 '신뢰하고 도전하는 교실 문화 만들기'에서 가장 중요한 것은 바로 교사의 진정성이 담긴 표현이다. 마음을 표현하지 않으면 알아차리기 어렵고, 진정성이 담겨 있지 않으면 가식적으로 느껴지기 때문이다. 진정성 있는 마음과 올바른 표현이 함께할 때 교사와 학생은 함께 배움으로 나아갈 수 있다.

### 상황

사회 수업 시간이다. 학생들은 민주주의에 대한 기사문을 읽고 토론한 후, '자신이 생각하는 민주주의란 무엇인가?'에 대해 글을 쓰는 시간을 가졌다. 양 선생님이 "한바닥 분량으로 써오세요."라고 분량을 지정하자, 학생들은 한탄하며 말한다.

"아, 선생님! 한바닥을 어떻게 다 채워요?"

학생들은 많은 생각을 하거나 인내하며 학습 과제를 수행해야 할 때 어려움을 느낀다. 특히 글쓰기는 학생들이 가장 부담을 느끼는 과제 중 하나이다. 단순히 '한바닥을 채워야 한다' 라는 요구만 강조하면 학생들에게는 부담만 커질 수 있다. 그러나 충분한 글감을 제공하고, 토론을 통해 아이디어를 구체화하는 과정을 거친다면, 학생들은 더 수월하게 글을 작성할 수 있다.

이때 한바닥 분량을 요구하는 이유는 단순히 글자 수를 맞추기 위한 것이 아니라, 학생들이 도입-전개-정리의 구조에 맞춰 자기 생각을 논리적으로 정리할 수 있도록 하기 위해서다. 따라서 학생들이 글을 쓰는 과정에서 어려움을 느낄 때, 그들의 부담을 이해하고 공감해 주면서도 "충분히 생각하고 나면 쓸 말이 많아질 거야.", "한 문장씩 정리하다 보면 금방 한바닥이 채워질 거야." 등과 같은 격려를 통해 동기를 부여할 필요가 있다. 조금 힘들더라도 인내하며 자기 생각을 정리하고 표현할 수 있도록 이끌어 주는 것이 중요하다.

교사의 가장 중요한 역할 중 하나는 학생들에게 도전할 수 있는 동기를 심어주는 것이다. 과제가 어렵더라도 반드시 수행해야 하는 이유와 이를 통해 얻을 수 있는 유익함을 설명해 준다면, 학생들은 현재의 어려움을 극복하고 스스로 노력하려는 태도를 보이게 된다.

### 배움에 도전하도록 하는 방법

- 꾸준히 하는 것의 중요성 알려주기
- 학습 결과의 유용성 설명하기
- 효율적으로 학습할 수 있는 방법 알려주기

### 꾸준히 하는 것의 중요성 알려주기

교사가 학생들에게 어떤 말을 전하느냐에 따라, 학생들의 동기와 학습 태도는 크게 달라질 수 있다. 따라서 꾸준히 하는 것이 왜 중요한지를 학생들에게 이해시키는 것이 필요하다.

"선생님도 학교 다닐 때 글쓰기가 정말 힘들었어요. 하지만 쉽게 얻어지는 것은 없더라고요. 당장은 실력이 늘지 않아 답답할 수도 있지만, 꾸준히 쓰고 다시 써보는 과정을 반복하다 보면 점점 더 잘할 수 있게 돼요.

여러분도 악기를 배울 때 비슷한 경험을 했을 거예요. 처음에는 단순히 도레미파솔라시도를 연습하는 것부터 시작하지만, 그 과정이 힘들다고 포기해 버리면 결국 한 곡을 연주하는 기쁨을 느낄 수 없어요. 어떤 것들은 일정한 수준에 도달했을 때 비로소 진정한 즐거움을 느낄 수 있어요. 그 기쁨을 누리기 위해서는 힘들더라도 꾸준히 연습하는 힘을 길러야 합니다."

어려움을 이겨내는 것도 배우고 연습해야 한다

학생들이 꾸준히 학습하는 것의 가치를 이해하도록 돕기 위해, 쉽게 얻어지는 즐거움과 깊이 있는 즐거움의 차이를 설명할 수도 있다.

"세상에는 쉽게 얻을 수 있는 즐거움도 있어요. 유튜브를 보거나 게임을 하는 것은 누구나 쉽게 할 수 있고, 즉각적인 즐거움을 주죠. 하지만 글을 쓰거나, 수학을 풀거나, 악기를 연주하는 일은 어느 정도 실력을 쌓아야 비로소 즐거움을 느낄 수 있어요. 그래서 쉽지 않죠.

선생님은 여러분이 깊이 있는 즐거움을 아는 사람이 되었으면 좋겠어요. 처음에는 힘들지만, 꾸준히 노력하면 그만큼 더 큰 만족과 성취감을 느낄 수 있답니다."

### 학습 결과의 유용성 설명하기

학생들이 현재 배우고 있는 것이 실제로 어떻게 도움이 되는지 설명해 주면 학습 동기를 높이는 데 효과적이다.

"글쓰기를 하면 내 생각을 정리하고 논리적으로 표현하는 능력을 키울 수 있어요. 이런 능력을 갖춘 사람은 사회에서도 높은 평가를 받으며, 많은 기업이 그런 직원을 원해요. 또한, 내 생각을 명확하게 정리할 수 있는 사람은 중요한 결정을 내릴 때도 더 현명한 판단을 할 가능성이 커요. 글쓰기는 단순한 과제가 아니라, 생각을 정리하는 중요한 도구랍니다."

"수학은 단순히 문제를 푸는 과목이 아니라, 논리적으로 사고하는 능력을 키우는 데 큰 도움이 돼요. 내가 어떤 방식으로 문제를 해결했는지, 무엇이 이해되지 않는지, 어떤 사고 과정을 거쳐 결론에 도달했는지를 설명하면서 우리는 점점 더 깊이 있게 사고하는 법을 배울 수 있어요."

### 효율적으로 학습할 수 있는 방법 안내하기

학생들이 학습을 어렵게 느끼는 이유 중 하나는 효과적인 학습 방법을 잘 알지 못하기 때문일 수 있다. 교사는 이 점을 이해하고, 학생들이 과제를 보다 쉽게 해결할 수 있도록 다양한 학습 전략을 안내할 필요가 있다.

"나눗셈을 하려면 곱셈을 이용하는 것이 좋아요. 문제 옆에 1, 2, 3, 4, 5… 의 곱셈 결과를 차례로 적어 놓은 후 나눗셈 문제를 풀어보세요. 더 쉽게 나눗셈을 해결할 수 있을거예요"

"논설문을 잘 쓰는 다섯 가지 방법을 안내할게요. 먼저 개요를 작성하는 것이 중요해요. 큰 그림을 먼저 그리고 세부사항을 고민하는 것이 훨씬 효과적이랍니다. 큰 그림을 그리지 않고 글을 쓰기 시작하면 글의 흐름이 산만해지고 방향성을 잃어버려, 오히려 시간이 더 걸릴 수도 있어요. 두 번째로 글을 쓰기 전에 머릿속에서 흐름을 정리해 보면 좋아요. 이것을 시뮬레이션을 돌려본다고 표현할 수 있어요. 이는 개요 작성과 비슷하지만 머릿속에서 일어난다는 점이 달라요. 개요를 작성한 후 머릿속으로 한번 더 정리하면, 글을 논리적으로 쓸 수 있어요. 세 번째로 논설문의 구조를 알면 좋아요. 논설문은 서론, 본론, 결론의 구조로 이루어져 있어요. 서론에서는 주제를 소개하고 상황을 설명하거나 주장을 제시해요. 본론에서는 근거와 예시를 통해 주장을 뒷받침하고, 결론에서는 핵심 내용을 정리하며 마무리해야 합니다. 네 번째로 논설문을 많이 읽어보는 거예요. 구조를 설명한다고 해서 그것을 모두 이해할 수 있는 것은 아니예요. 서론에 해당하는 주제와 관련한 상황을 어떻게 설명하고 있는지 논설문을 읽다 보면 어떻게 써야 할지 감을 잡을 수 있어요.

마지막으로 많이 써보는 거예요. 악기를 많이 연습해야 연주 실력이 늘 듯이 쓰기는 많이 써봐야 느는 거예요."

위의 예시를 참고하여, 학생들이 배움에 도전할 수 있도록 자기 생각을 정리해 보자.

**4. 배움에 도전하도록 하기**

학생들에게 꾸준함의 중요성을 설명하고 학습 결과의 유용성을 알려주며, 효율적인 학습 방법을 안내하면 학생이 학습에 적극적으로 참여하도록 도울 수 있어요.

**성찰 질문**

- 학생이 도전할 수 있도록 꾸준히 하는 것의 중요성을 알려주나요?
- 학습 결과의 유용성을 성명해주나요?
- 효율적으로 학습할 수 있는 방법을 알려주나요?

## 생각해 보기

다음 표를 보며 신뢰와 도전이 있는 교실 문화를 위해 내가 하고 있는 것을 살펴보세요.

| 전략 | 체크할 내용 | 체크 |
|---|---|---|
| 1<br>긍정적<br>상호작용하기 | 수업 중에 어떠한 방식으로 학생들과 긍정적 상호작용을 하고 있나요? | |
| | 학생을 환대하며 맞이하나요? | |
| | 학생과 적절히 눈맞춤 하고 이름을 자주 불러주나요? | |
| | 학생의 말과 행동을 자세히 관찰하고 기억하나요? | |
| | 절차나 규칙에 어긋나는 학생의 요구는 적절히 거절하나요? | |
| 2<br>격려하기 | 나는 주로 심판자처럼 생각하나요? 격려자처럼 생각하나요? | |
| | 상황에 따라 격려 말과 표정, 제스처를 적절히 활용하나요? | |
| | 학생의 성향에 따라 격려하나요? | |
| | 격려를 더 자주 하기 위한 장치를 마련하나요?<br>(예: 시각화 및 점검, 역·도·바 회의) | |
| 3<br>틀려도<br>괜찮아 | 정답 찾기를 하고 있지는 않나요? | |
| | 정답인지 아닌지 표정에 드러내지 않나요? | |

| | | |
|---|---|---|
| 3<br>틀려도<br>괜찮아 | 학생의 발언을 모두 받아들이나요? | |
| | 오답이 배움에 도움이 되는지 밝혀주나요? | |
| 4<br>배움에<br>도전하도록<br>하기 | 학생이 도전할 수 있도록 꾸준히 하는 것의 중요성을 알려주나요? | |
| | 학습 결과의 유용성을 성명해주나요? | |
| | 효율적으로 학습할 수 있는 방법을 알려주나요? | |

### 성찰 질문

- 잘하고 있는 점과 개선하고 싶은 점은 무엇인가요?
- 제시된 전략 이외에 더할 수 있는 것은 무엇인가요?

## 2장
# 문제 행동을 예방하고 효과적으로 대처하기

'문제 행동을 예방하고 효과적으로 대처하기'에서는 단호한 교사의 태도를 강조한다. 수업은 공동체가 함께 상호작용하며 학습하는 과정이다. 이 과정에서 자기 책임을 다하지 않거나 학습을 방해하는 행동에 대해서는 단호하게 대처해야 한다. 그러나 단호한 대처를 위해 반드시 선행되어야 할 첫 번째 전제조건은 학생과의 긍정적인 관계 형성이다. 지도 이전에 관계가 우선이라는 점을 명심해야 한다.

문제 행동을 예방하고 효과적으로 대처하기 위한 두 번째 전제조건은 교사가 수업의 흐름을 끊지 않아야 한다는 것이다. 이를 위해 수업 중 즉각적으로 지도해야 할 행동과 수업 후에 지도해야 할 행동을 명확히 구분할 필요가 있다. 가벼운 문제 행동은 수업을 방해하지 않도록 시선과 제스처로 조용히 대처할 수 있다. 그러나 문제 행동이 확산될 우려가 있을 경우에는 보다 적극적인 개입이 필요하다. 수업 중 문제 행동에 대처할 때에는 수업의 단절을 최소화하고, 교사의 감정적인 대처를 자제하며, 학생이 올바른 선택을 할 수 있도록 이끌어 주자.

'문제 행동을 예방하고 효과적으로 대처하기'에서는 다음의 4가지 전략에 대해 다룬다.

## 5
## 즉각 지도, 추후 지도 행동 구분하기

수업을 실행하다 보면 교사는 종종 고민에 빠진다. "이 상황에서 개입해야 할까, 아니면 그냥 두어야 할까?" 학생들의 행동이 수업에 영향을 미칠 때, 어떻게 대응해야할지 판단하기가 쉽지 않다. 아래 상황을 통해 교사의 개입이 필요한 경우와 그렇지 않은 경우를 구분하는 방법을 살펴보자.

**상황**
친구들과 짝을 지어 인터뷰하는 활동이 실행 중이다. 무작위로 짝을 정해 대화를 나누게 했는데, 갑자기 수혁이가 교실 한쪽에 혼자 서 있다. 교사가 다가가서 짝을 찾아 활동에 참여하라고 권유하자, "선생님, 하기 싫어요."라는 답변이 돌아온다.

수업 중에는 학생들의 다양한 반응이 나타날 수 있다. 이럴 때, 교사가 즉각 개입해야 할지 아니면 관망해야 할지 판단하는 것은 쉽지 않다. 왜냐하면 모든 상황에 정답이 있는 것은 아니기 때문이다.

하지만 학생의 행동이 수업에 미치는 영향을 기준으로 삼으면 교사의 개입 여부를 판단하기가 수월해진다. 이를 위해 수업 방해 행동을 능동적 방해와 수동적 방해로 구분해 볼 수 있다.

### 즉각 지도, 추후 지도 행동 구분하는 방법

- 능동적 수업 방해 행동과 수동적 수업 방해 행동 구분하기
- 즉각 지도와 추후 지도를 결정하기

학생의 문제 행동을 수업 중 즉시 지도할지, 수업이 끝난 후 추후 지도할지 결정하려면, 먼저 능동적 수업 방해 행동과 수동적 수업 방해 행동의 차이를 이해하는 것이 중요하다.

수업이나 다른 친구의 학습을 방해하면 즉각적으로 대처해야 하지만, 그렇지 않다면 수업을 중단하지 않고 진행한 후, 나중에 개별적으로 지도하는 것이 효과적이다. 이를 통해 수업의 흐름을 유지하면서도 학생 지도에 적절히 대응할 수 있다.

### 능동적 수업 방해와 수동적 수업 방해 행동 구분하기

아래 예시를 살펴보며 학생이 하는 행동이 능동적 수업 방해 행동인지, 수동적 수업 방해 행동인지 판단해 보자.

| 능동적 수업 방해 행동 | 수동적 수업 방해 행동 |
| --- | --- |
| • 수업 시간에 떠들기<br>• 수업 시간에 돌아다니기<br>• 수업 시작 전에 소리 지르기 | • 과제 해오지 않기<br>• 준비물 가져오지 않기<br>• 발표하지 않기<br>• 활동에 참여하지 않기 |

출처: 『수업 방해』, 한스페터 놀팅

수업 시간에 떠들거나 소리를 지르는 행동은 교사의 설명을 방해하고 다른 학생들의 집중을 흐트러뜨리므로 능동적 수업 방해 행동에 해당한다. 또한, 수업 중 교실을 돌아다니는 행동 역시 교사와 친구들의 주의를 분산시키므로 능동적 수업 방해 행동으로 볼 수 있다.

반면, 과제를 해오지 않기, 준비물을 가져오지 않기, 발표하지 않기, 활동에 참여하지 않기 등은 수업 실행에 불편함을 주기는 하지만, 즉각적인 수업 흐름을 방해하지는 않는다. 이러한 행동들은 수동적 수업 방해 행동으로 분류된다.

단, 발표하지 않는 행동의 경우, 학생의 기질상 불안이 높아 어려움을 겪는 경우와 일부러 발표를 거부하는 경우를 구별해야 한다. 단순히 발표하지 않는다고 해서 모두 수업 방해 행동으로 간주해서는 안 된다.

### 즉각 지도와 추후 지도를 결정하기

능동적 수업 방해 행동은 그 자체로 수업을 중단시킬 위험이 크며, 교사가 개입하지 않으면 다른 학생들에게 확산될 가능성이 높다. 따라서 교사는 즉각적으로 개입하여 지도해야 한다.

반면, 수동적 수업 방해 행동은 수업 실행을 직접적으로 방해하지 않는다. 과제를 해오지 않거나, 준비물을 가져오지 않는 행동은 불편함을 초래할 수 있지만, 수업의 흐름을 크게 저해하지는 않는다. 발표하지 않더라도 수업을 지속할 수 있으며, 일부 학생이 학습 활동에 참여하지 않더라도 나머지 학생들과 함께 실행하는 데 무리가 없다.

따라서, 수동적 수업 방해 행동에 대해서는 '수업 중단없이 지도하기(전략 6, 64p)'와 같이 가볍게 개입하거나, 상담과 같은 추후 지도를 택하는 것이 효과적이다. 교사가 즉각적으로 전면 개입하면, 오히려 수업에 집중하고 있는 다른 학생들의 학습을 방해하는 결과를 초래할 수 있기 때문이다.

그렇다면, 수혁이의 경우 교사가 즉각 개입해야할까, 아니면 추후에 지도하는 것이 좋을까? 수혁이는 활동을 거부하며 수동적 수업 방해 행동을 보이고 있으므로, 즉각적으로 그 문제를 해결하려고 개입하기 보다는 일단 활동에서 잠시 제외하고 교사는 수업을 계속 실행하는 것이 좋다. 이후, 수혁이와 따로 대화할 기회를 마련하여 문제의 원인을 파악하고 해결 방안을 상의하는 것이 효과적이다.

대화를 나눈 결과, 수혁이는 여학생들과 함께하는 것이 부담스럽다고 털어놓았다. 이에 따라, 다음번 활동에서는 '여학생은 2명만 만나고 나머지는 남학생과 실행하기' 라는 약속을 정했다. 이후, 수혁이는 약속을 지켰다.

이처럼 학생이 약속을 지키면 긍정적인 피드백을 제공하여 행동을 강화해야 한다. 그러나 만약 약속을 지키지 않고 계속 문제 행동을 반복한다면, 6번 전략(수업 중단 없이 학생 지도하기)과 7번 전략(지시 따르게 하기)을 활용하여 추가적인 지도가 필요하다. 그렇지 않으면, 학생이 해당 행동을 반복해도 괜찮다고 인식할 가능성이 높아질 수 있다.

### 5. 즉각 지도, 추후 지도 행동 구분하기

학생의 행동이 능동적 수업 방해인지 수동적 수업 방해인지 구분하고, 즉각 지도와 추후 지도를 적절히 선택하면 수업 흐름을 유지하면서 학생의 문제 행동을 효과적으로 해결할 수 있어요.

### 성찰 질문

- 수업 중 즉각적으로 개입해야 하는 행동과 추후 지도할 행동을 구분하고 개입하나요?

## 수업 중단 없이 지도하기

수업 중 학생들이 보이는 다양한 행동에 대해 교사는 즉각적으로 개입할지, 아니면 수업을 유지하면서 지도할지 고민하게 된다. 때로는 학생들의 사소한 장난이나 무관심한 태도가 수업의 흐름을 방해하기도 한다. 이런 경우, 교사가 적절한 방식으로 개입하지 않으면 문제 행동이 반복되거나 더 심화될 수 있다. 아래 두 가지 상황을 통해 수업을 중단하지 않으면서도 학생들의 행동을 효과적으로 지도하는 방법을 살펴보자.

### 상황 1

수혁이는 장난기가 많다. 선생님이 잠시 다른 곳을 보는 사이, 수혁이는 옆 친구의 옆구리를 쿡 찌른다. 듣는 척하면서도 선생님의 시선을 피해 계속 친구와 장난을 친다. 결국 참다못한 친구가 짜증을 내고, 이를 눈치챈 양 선생님이 수혁이에게 주의를 준다.

교사의 시선이 닿지 않을 때, 학생들은 쉽게 산만해질 수 있다. 위 예시에서 수혁이는 수업 시간에 장난을 치며 친구와 소란을 일으키고, 결국 교사가 개입하는 순간 수업의 흐름이 끊기게 된다. 사소한 장난에서 시작된 행동이 친구의 학습을 방해하고, 수업 집중도를 떨어뜨리는 결과를 초래한다.

그러나 수혁이가 장난을 막 시작했을 때 교사가 간단한 신호를 주었더라면, 수업의 흐름을 유지할 수 있었을 것이다. 예를 들어, 교사의 시선만으로도 학생이 행동을 조정하도록 유도할 수 있다. 또한, 교사가 학생들 가까이 다가가는 것만으로도 수업에서 잠시 벗어난 학생들이 다시 집중하도록 할 수 있다.

### 상황 2

성미는 학습에 큰 관심이 없다. 양 선생님은 적극적으로 참여하는 학생들을 중심으로 수업을 실행한다. 성미는 교과서에 그림을 그리기 시작한다. 하지만 양 선생님은 이를 알아차리지 못한 채 수업을 이어가고, 성미는 계속해서 그림을 그린다.

성미처럼 조용히 수업에서 멀어지는 학생들은 쉽게 눈에 띄지 않는다. 그러나 이러한 학생들에게 관심이 부족하면, 점점 학습에서 소외될 가능성이 커진다.

수업을 원활하게 실행하면서도 학생 개개인의 학습 참여를 높이려면, 교사가 학습에서 멀어지는 학생들을 세심하게 관찰할 필요가 있다. 교사의 관심이 단순한 감시가 아니라 학생이 수업에 몰입하도록 돕는 과정이라는 점을 인식하는 것이 중요하다.

예를 들어, 교사는 성미에게 간단한 질문을 던지거나, 교실을 돌며 자연스럽게 성미의 책상을 살펴보는 것만으로도 그가 다시 학습에 집중하도록 유도할 수 있다. 이러한 작은 개입이 학생이 수업에 참여하는 기회를 늘리고, 전체적인 학습 분위기를 유지하는 데 도움을 줄 수 있다.

### 수업 중단 없이 지도하기 방법

- 학생을 잘 관찰하기
- 눈빛으로 신호주기
- 가까이 다가가기
- 책상을 두드리는 등의 신호주기
- 해야 할 일을 짧게 작은 소리로 알려주기

### 학생을 잘 관찰하기

교사가 수업을 실행하다 보면 수업 내용에 집중하거나 내용을 떠올리느라 학생들을 세심하게 살피기 어려울 때가 있다. 그러나 의식적으로 연습하면, 수업을 실행하면서도 학생들을 확장된 시야로 관찰하는 것이 가능하다.

설명하면서도 학생 한 명 한 명의 반응을 살펴보자. 학생이 학습에 몰입하고 있는지, 이해를 잘하고 있는지, 혹은 학습에서 멀어지고 있지는 않은지 지속적 확인하는 습관을 들이는 것이 중요하다.

특히 교사가 의자에 앉아서 수업을 실행하면 시야가 제한되어 학생들을 고르게 살피기 어려울 수 있다. 만약 장시간 서 있기 힘들다면, 카페에서 사용하는 다리가 긴 의자를 활용하는 것도 좋은 방법이다. "뒤통수에도 눈이 달려 있어야 한다"라는 말처럼, 교사는 학생들의 상태를 놓치지 않고 살펴야 한다.

### 눈빛으로 신호주기

학생이 학습에서 멀어지는 모습을 보이면 주의 깊게 살펴야 한다. 일부 학생은 교사가 자신을 보고 있다는 것만으로도 문제 행동을 멈추거나 다시 수업에 집중하는 경우가 있다. 따라서 교사는 언제나 학생들을 관찰하고 있다는 신호를 보내야 한다. 자연스러운 눈빛 교환만으로도 학생들이 수업으로 돌아올 수 있도록 유도할 수 있다.

### 가까이 다가가기

그러나 눈빛으로 신호를 보내더라도, 학생이 교사를 보지 않거나 알아차리지 못할 때가 있다. 이경우 교사는 수업을 실행하면서 해당 학생 가까이 다가가는 것이 효과적이다. 교사가 자연스럽게 다가가면 학생들은 자기 행동을 인식하고, 다시 수업에 집중하게 되는 경우가 많다. 직접적인 지적 없이도 분위기를 환기시키는 좋은 방법이다.

### 책상을 두드리는 등의 신호를 주기

가까이 다가갔음에도 불구하고 학생이 여전히 학습에서 벗어나 있다면, 보다 직접적인 신호를 줄 필요가 있다. 이때 학생의 책상을 가볍게 두드리는 방법이 효과적이다. 이는 학생에게 과도한 부담을 주지 않으면서도 수업에 집중해야 함을 인지시키는 간단한 방법이다.

#### 해야 할 일을 짧게 작은 소리로 알려주기

만약 책상을 두드리는 신호에도 불구하고 학생이 여전히 집중하지 못한다면, 짧고 조용한 말로 직접 개입할 수 있다. 예를 들어 "집중", "선생님 보자", "87쪽 풀자" 와 같이 짧고 분명한 지시를 하면, 수업을 방해하지 않으면서도 학생이 해야 할 일에 집중하도록 유도할 수 있다. 중요한 것은 불필요한 말을 줄이고 핵심만 전달하는 것이다.

**6. 수업 중단 없이 지도하기**

학생들을 잘 관찰하고; 눈빛으로 신호를 주거나 가까이 다가가기, 짧은 신호로 개입하면 수업을 중단하지 않고도 학생들의 문제 행동을 교정하며 학습 집중도를 높일 수 있어요.

**성찰 질문**

- 학생이 수업에 몰입하는 것을 어떻게 알 수 있나요?
- 학생이 수업에서 벗어나는 것을 어떻게 알 수 있나요?
- 학생이 수업에 벗어나는 것을 초반에 알아차리나요?
- 교사가 수업을 방해하지 않으면서 수업에서 멀어지는 학생에게 적절히 개입하나요?

## ㄱ
# 알파 지시하기
## (Alpha Command)

수업 중 학생들은 교사의 지시에 협상하려 하거나, 수업과 무관한 행동을 지속하며 교사의 지시를 무시하는 경우가 있다. 교사가 이를 적절하게 대응하지 않으면 학생들은 점점 수업 흐름을 자신들에게 유리한 방향으로 조정하려 하거나, 교사의 지시를 따르지 않는 태도를 강화할 수 있다. 이러한 상황에서 교사는 단호하면서도 명확한 방식으로 지시를 전달해야 한다. 아래 두 가지 상황을 통해 효과적인 대응 방법을 살펴보자.

**상황 1**

교사　"수업을 시작하겠습니다. 교과서를 펴 주세요."
학생　"선생님, 조금만 더 놀면 안 돼요?"

학생들은 자신이 원하는 상황을 만들기 위해 교사와 협상을 시도하기도 한다. 상황1에서 학생은 "조금만 더 놀게 해달라"고 요청하지만, 이는 단순한 요구가 아니다. 교과서를 펴라는 교사의 지시에 응하지 않은 채, 교사의 지시를 다른 방향으로 바꾸려는 시도다.

이러한 협상 시도에는 응하지 않는 것이 바람직하다. 수업 운영은 교사의 권한이며, 놀이 시간을 결정하는 것도 교사의 권한이다. 학생이 한 번 놀이 시간을 얻는 데 성공하면, 이후에도 같은 방법을 시도할 가능성이 높다. 따라서 놀이 시간은 학생이 원할 때가 아니라, 교사가 원할 때 주는 것이 더 효과적이다. 이를 통해 교육과정을 운영하는 것이 교사의 역할임을 학생에게 명확히 인식시킬 필요가 있다.

**상황 2**

수업 중 한 학생이 그림을 그리고 있는 것을 발견한 교사가 조용히 다가가 말한다.

"그림 그리지 마세요."

학생은 잠시 멈추는 듯했지만, 이내 다시 그림을 그리기 시작한다.

상황 2에서는 학생이 적극적으로 수업을 방해하지는 않지만, 수업에 참여하지 않고 있다. 교사가 "그림 그리지 마세요"라고 말했음에도 불구하고, 학생은 듣는 척하다가 다시 그림을 그린다. 이는 교사의 지시에 대한 수동적 저항이라고 볼 수 있다.

수업 중 그림을 그리거나 손장난하면서 학습에서 이탈하는 경우가 종종 발생한다. 이때, 학생을 통제하기 위해 반복적으로 지시하거나 화를 내면 학생과의 관계가 훼손될 수 있다. 반면, 이러한 행동을 계속 묵인하면 학생은 같은 행동을 반복하게 된다.

이런 상황에서는 관계를 유지하면서도 학생을 학습에 참여시키는 방법이 필요하다. 이를 위해 알파 지시(Alpha Command)를 활용할 수 있다. 알파 지시는 짧고 명확한 지시, 학생의 참여를 유도하는 긍정적인 접근을 의미하며, 학생이 저항할 여지를 줄이면서도 자연스럽게 수업에 집중하도록 돕는 효과적인 방법이다.

『정서 행동 장애 학생 교육』에 따르면 학생이 교사의 지시를 따르지 않을 경우, 규칙 지키지 않기, 논쟁하기, 싸움 등이 뒤이어 따라온다고 한다. 많은 문제를 연쇄적으로 불러일으키는 핵심 중 하나는 바로 교사의 지시를 따르지 않고 협상하려 하거나 거부하거나 적극적으로 저항하는 행동을 할 때 일어난다. 따라서 학생이 교사의 지시를 잘 따르도록 명확하게 효과적으로 지시하는 것이 중요하다.

### 알파 지시하는 방법

- 알파 지시하기
  - 가까이 다가가 눈 맞추며 낮은 목소리로 지시하기
  - 하지 말라는 말 대신 '~하라'는 말 사용하기
  - 네 개의 어구 이내로 짧게 지시하기
- 지시 후 기다리기
- 피드백하기

### 알파 지시하기

**가까이 다가가 눈 맞추며 낮은 목소리로 지시하기**

지시할 때는 학생의 이름을 부르며 가까이 다가가 눈을 맞추는 것이 중요하다. 거리가 멀거나 눈을 맞추지 않으면 지시의 효과가 떨어지기 때문이다. 또한, 목소리를 높이면 교사가 감정적으로 대응하는 것처럼 보일 수 있어 비효과적이다. 대신 목소리를 낮추고 차분하게 말하면, 감정이 개입되지 않은 합리적인 지시라는 인상을 줄 수 있다.

이때, 교사의 말투가 명령조이면 학생이 감정적으로 불편함을 느낄 수 있다. 따라서 "문제 3번을 풀어라."보다는 "문제 3번을 풀어보자"와 같이 청유형 언어를 사용하는 것이 좋다.

### '하지 말라'는 말 대신 '~하라'는 말 사용하기

하지 말라는 말은 어떤 행동을 중지시키는 데 유용하다. 하지만 무엇을 해야 하는지는 알려주지는 않는다. 예를 들어, 발표하고 싶어 손을 흔드는 학생에게 "저요, 저요! 하지 마세요."라고 말하면 행동을 멈추라는 의미는 전달되지만, 어떻게 발표해야 하는지는 설명되지 않는다. 반면, "발표하려면 조용히 손을 들어주세요."라고 말하면, 학생은 자신이 해야 할 행동을 명확하게 이해할 수 있다.

'하지 말라'는 말과 '~하라'는 말을 비교해서 살펴보자.

| '하지 말라'는 말 | '~하라'는 말 |
|---|---|
| "저요, 하지 마세요." | "발표하려면 손 들어주세요." |
| "그만 얘기하세요." | "학습지 2번 풀어주세요." |
| "집중하세요." | "교과서 49쪽을 보세요." |

'하지 말라는 말'과 '행동을 하게하는 말' 비교

'~하라'는 말은 모든 학생에게 효과적이다. 하지만 주의력이 부족하거나 어린 학생일수록 더욱 효과적이다. 교사가 원하는 행동을 명확하게 표현하는 것만으로 학생의 혼동을 예방하고 바람직한 방향으로 행동을 이끌어줄 수 있다.

### 네 개의 어구 이내로 짧게 지시하기

지시할 때 말이 길어지면 학생이 집중하기 어렵고, 메시지의 명확성이 떨어진다. 예를 들어, "저요, 저요, 하지 말고 손을 들어서 발표하세요."라고 말하면, '하지 마라'와 '하라'는 표현이 혼합되어 지시가 길어지고 전달력이 약해진다.

이 문장을 분석하면 "저요, 저요, 하지 말고", "손을", "들어서", "발표하세요."로 6개의 어구로 구성되어 있다. 하지만 "발표하려면 손만 들어요."와 같이 네 개의 어구 이내로 줄이면 더 명확한 지시가 된다. 짧고 간결한 지시는 학생들이 쉽게 이해하고 즉각적으로 반응할 수 있도록 도와준다.

알파 지시 후에는 학생이 반응하길 기다린 후 피드백을 해준다.

알파 지시는 짧고 명확한 지시를 의미하지만, 단순히 지시하는 것만으로는 충분하지 않다. 학생이 지시를 따를 수 있도록 지시 후 잠시 기다리고, 학생의 반응에 따라 적절한 피드백을 제공하는 과정이 함께 이루어져야 한다. 이러한 과정이 이루어질 때 학생이 지시에 더 잘 반응하고, 긍정적인 행동을 지속할 가능성이 높아진다.

### 지시 후 기다리기

학생에게 지시한 후에는 반복해서 말하지 않고 조용히 5~10초 정도 기다려야 한다. 지시받은 학생에게도 지시를 이해하고 따를 수 있는 적절한 시간이 필요하기 때문이다. 만약 교사가 같은 지시를 계속 반복하면, 학생은 교사의 말을 무시하는 습관이 생길 수 있다. 따라서 한 번 지시한 후에는 기다리면서 학생이 스스로 행동할 수 있도록 유도하는 것이 중요하다.

예를 들어, "책을 펴세요! 왜 안 펴요? 얼른 펴세요."와 같이 반복해서 말하면 학생이 교사의 말을 듣는 대신 지시를 무시하는 태도를 가질 가능성이 높아진다. 반대로 "책을 펴세요."라고 한 번만 말한 후 조용히 기다리면, 학생이 스스로 행동을 수정할 기회를 가질 수 있다. 기다리는 시간은 학생이 지시에 반응할 수 있도록 돕는 중요한 과정이며, 불필요한 반복 지시는 오히려 학생의 반응을 늦추는 결과를 초래할 수 있다.

### 피드백하기

학생이 교사의 지시를 따랐을 때와, 따르지 않았을 때 각각 적절한 피드백을 제공하는 것은 지시의 효과를 높이는 데 중요하다. 학생이 지시를 따르면 긍정적인 피드백을 제공하여 바람직한 행동을 강화하고, 지시를 따르지 않을 경우, 반복적인 지시를 피하면서도 효과적으로 개입해야 한다.

#### 지시를 따르면 긍정적 피드백 제공하기

학생이 교사의 지시를 따르면 즉시 긍정적인 피드백을 해주는 것이 중요하다. 긍정적인 피드백을 통해 학생은 자기 행동이 바람직하다는 것을 인식하고, 이후에도 같은 행동을 반복할 가능성이 높아진다.

### 지시를 따르지 않으면 한 번 정도만 더 지시하기

학생이 처음 지시를 받았을 때 바로 따르지 않는 경우도 있을 수 있다. 이때, 반복적으로 지시하는 것은 오히려 학생이 교사의 말을 무시하는 습관을 형성할 수 있으므로, 한 번 정도만 추가로 지시하는 것이 효과적이다.

그럼에도 불구하고 학생이 여전히 지시를 따르지 않는다면, 단순히 반복해서 지시하는 것이 아니라 '8 결과에 대해 합의하고 선택권을 주어 책임지게 하기(합선책)' 전략을 활용해야 한다. 이 전략은 학생에게 자기 행동에 대해 스스로 선택할 기회를 제공하고, 그에 따른 책임을 지도록 하는 방식이다.

**7. 알파 지시하기**

학생에게 가까이 다가가 낮은 목소리로 짧고 명확하게 원하는 행동을 지시한 후, 조용히 기다리며 피드백하면 학생이 교사의 지시를 더 잘 따르도록 하여 바람직한 행동을 강화할 수 있어요.

**성찰 질문**

- 나는 평소에 어떠한 방식으로 학생에게 지시하나요? 알파 지시를 하나요?
- 지시에 따르도록 비언어적 표현(거리, 눈맞춤, 낮은 목소리)을 효과적으로 활용하나요?
- 지시에 따르도록 언어적 표현(하라는 말 사용하기, 짧게)을 적절히 사용하나요?
- 지시를 실행할 충분한 시간을 주나요?
- 학생의 반응에 따라 즉각적이고 적절한 피드백을 주나요?

## 8
## 합선책
### (결과에 대해 합의하고 선택권을 주어 책임지게 하기)

수업 중 학생들은 교사의 정당한 지시에 저항하는 경우가 있다. 이런 상황에서 교사가 학생과 힘겨루기를 하게 되면, 관계가 훼손되거나 학급 운영이 어려워질 수 있다. 그렇다면 학생이 교사의 지시에 순응하면서도 힘겨루기를 피할 방법은 무엇일까?

**상황 1**

시현이는 짝과 함께 수업 중에 계속해서 떠들었다. 양 선생님이 눈맞춤을 하며 주의를 주자, 시현이는 알아듣는 듯했지만 잠시 후 다시 수업과 관련 없는 이야기를 시작했다. 짝도 맞장구치며 분위기가 흐려지고, 결국 수업에 집중하기 어려운 상황이 된다. 참다못한 양 선생님은 "또 장난하면 점심시간에 청소해야 돼."라고 말하며 주의를 준다.

시현이가 자꾸 떠들자 양 선생님은 점심시간에 청소를 시켜 문제행동을 고치려 한다. 그러나 수업 시간에 떠드는 것과 점심시간에 청소하는 것은 직접적인 관련이 없다. 이러한 방식의 훈육은 학생에게 자기 행동을 선택하고 스스로 결정할 기회를 주지 않기 때문에 처벌에 가깝다.

**상황 2**

모둠 활동 시간이 되자, 서준이는 장난을 치며 모둠 활동을 방해한다. 이에 참다못한 민정이가 "선생님, 서준이가 자꾸 장난치고 방해해요."라고 말한다. 이를 들은 양 선생님은 "한 번 더 그러면 선생님이 가서 지도한다고 얘기해."라고 지시한다.

선생님의 개입 후 잠시 조용했던 서준이는 곧 다시 장난을 치기 시작했고, 결국 양 선생님이 직접 다가가 모둠 활동에 성실히 참여하도록 지도했다. 하지만 잠시 조용하던 서준이는 또다시 모둠 활동을 방해했다. 이에 양 선생님은 "아까 장난치지 말라고 했는데 또 했네. 이러면 친구들이랑 모둠 활동을 할 수 없어."라고 단호하게 말하며 지도했다.

모둠 활동을 방해하는 서준이의 행동에 대해 양 선생님은 모둠에서 분리시켜 개인 활동을 하도록 했다. 서준이는 모둠 활동을 방해한 결과로 개인 활동을 하게 되었다. 이처럼 문제 행동과 그로 인해 겪게 되는 결과가 서로 관련이 있다는 점에서, 시현이의 사례와는 차이가 있다.

그러나 이 모든 과정은 양 선생님이 일방적으로 결정했으며, 서준이는 그 지시에 따를 수밖에 없었다. 즉, 서준이는 자기 행동에 대한 선택권을 갖지 못했고, 스스로 결정할 기회도 없었다.

우리는 학생이 스스로 자기 잘못된 행동을 인식하고 올바른 선택을 할 수 있도록 지도하는 것을 목표로 한다. 그러나 학생을 훈육하는 과정은 쉽지 않으며, 신중하고 세심한 접근이 필요하다.

루돌프 드라이커스(Rudolf Dreikurs)가 제안한 '논리적 결과(logical consequences)' 개념은, 학생이 잘못된 행동을 했을 때 힘겨루기나 원한을 유발하지 않으면서도 행동을 통제할 수 있도록 돕는 방법이다. 이 방식은 단순한 처벌이 아니라, 학생이 자기 행동이 초래한 결과를 직접 경험하며 그 중요성을 깨닫도록 하는 것을 목표로 한다. 논리적 결과라는 말이 어려워 여기서는 '결과에 대해 합의하고 선택권을 주어 책임지게 하기'를 줄여 '합선책'이라 제시한다.

### 결과에 대해 합의하고 선택권을 주어 책임지게 하기 방법

- 행동에 대해 책임져야 할 결과 합의하기
- 책임을 지게 하기 전에 선택권을 주기
- 수치심을 느끼게 하거나 비난하지 않으며 책임지게 하기

앞서 제시했던 '수업 중단 없이 지도하기', '알파 지시하기'와 같은 방법을 사용했음에도 불구하고 문제 행동이 반복될 수 있다. 이러한 상황에서는 '결과에 대해 합의하고 선택권을 주어 책임지게 하는 방법'을 활용하여 학생을 지도할 수 있다.

### 행동에 대해 책임져야 할 결과 합의하기

학생들이 잘못된 행동을 했을 때, 반드시 그에 따른 책임이 따른다는 것을 이해하도록 돕는 것이 중요하다. 따라서 학생과 함께 책임져야 할 결과를 합의하는 과정은 학생이 행동에는 반드시 결과가 따른다는 사실을 인식하는 데 도움이 된다. 또한, 교사가 결과를 일방적으로 정하기보다는 학생을 참여시키는 것이 학생을 존중하는 방식이며, 이 과정은 학

생의 자율성과 책임감을 키우는 데도 긍정적인 영향을 미친다.

예를 들어, 서준이가 모둠 활동을 방해하는 행동을 했을 때, 모둠 활동에서 제외하고 개인 활동을 하게 하는 것은 행동과 결과를 연결하는 방식이다. 그러나 이 과정이 효과적이려면, 교사가 사전에 서준이와 대화를 통해 합의해야 한다. "만약 모둠 활동을 방해하는 행동이 지속되면 개인 활동을 하는 것에 대해 어떻게 생각하니?"와 같이 질문을 던지고, 학생이 이에 동의하면 결과에 대한 합의가 이루어진 것이다.

반면, 시현이가 수업 중 떠들었을 때 점심시간에 청소를 시키는 것은 행동과 결과가 관련이 없으므로 바람직한 방식이 아니다. 대신, 떠드는 문제를 해결하기 위해 짝과 분리하는 것과 같이 연관된 결과를 적용하는 것이 더 효과적이다.

물론, 결과를 교사가 결정하고 학생에게 통보하는 것이 훨씬 쉽고 즉각적인 효과를 볼 수도 있다. 그러나 장기적으로 학생이 배우게 되는 것은 행동의 논리적 결과가 아니라, 단순히 더 강한 힘을 가진 사람의 말을 따라야 한다는 것일 수 있다. 따라서 학생이 스스로 행동을 조절하고, 결과에 대한 책임을 질 수 있도록 돕는 방식이 바람직하다.

### 책임을 지게 하기 전에 선택권을 주기

학생에게 선택권을 제공하면, 자기 행동에 대한 책임을 배울 기회를 얻게 된다. 학생이 잘못된 행동을 했을 때, 합의한 결과를 즉시 적용하기보다는 먼저 선택권을 주어 스스로 행동을 조절할 수 있도록 도울 수 있다.

예를 들어, 서준이가 계속해서 장난을 치거나 시현이가 짝과 잡담하는 경우, 즉각적으로 처벌을 내리는 대신, 다음과 같이 선택할 기회를 줄 수 있다.

- 서준이에게 선택권 주기

"서준아, 계속해서 큰 소리로 관련 없는 말을 한다면, 개인 활동을 해야 할 거야. 모둠 활동을 할지 개인 활동을 할지는 네가 선택해."

- 시현이와 세빈이에게 선택권 주기

"시현아, 세빈아. 수업 중 이야기를 계속하면 짝을 바꿔야 할 거야. 이야기를 하지 않거나 짝을 바꾸는 것 중 하나를 선택해야 해. 현명한 선택을 하길 바라."

학생이 스스로 결정을 내릴 수 있도록, 행동과 결과를 명확히 연결하여 선택권을 제시해야 한다.

|  | 선택한 행동 | 선택에 따른 결과 |
| --- | --- | --- |
| 모둠 활동 중 관련 없는 말 | 그만하기 | 모둠 활동 유지 |
|  | 지속하기 | 모둠 활동 중지, 개인 활동 실행 |
| 수업 중 친구와 잡담 | 그만하기 | 짝 유지 |
|  | 지속하기 | 짝 바꾸기 |

이러한 방식은 학생이 교사의 지시를 강압적으로 따르는 것이 아니라, 자기 선택에 따른 결과를 직접 경험하고 책임지도록 하는 데 도움을 준다. 또한, 학생이 선택을 할 수 있도록 유도하면, 스스로 문제를 해결할 기회를 가지게 되며, 자율성과 책임감을 기를 수 있다.

### 수치심을 느끼게 하거나 비난하지 않으며 책임지게 하기

『학급 긍정 훈육법』에 따르면, 훈육할 때 비난, 수치, 고통을 포함시키지 않고 존중하는 태도로 말하는 것이 중요하다. 학생을 부끄럽게 하거나 비난하는 방식은 학생이 자기 잘못된 행동을 반성하기보다는 교사에 대한 부정적인 감정을 갖도록 만들 수 있다.

양 선생님이 "또 했네!", "못해!"와 같은 표현을 사용하면, 서준이는 자기 잘못된 행동을 반성하기보다는 교사가 자신을 싫어한다고 느끼거나, 교사 자체에 대한 반감을 품을 가능성이 높다. 따라서, 학생을 비난하지 않고 공감하는 태도로 말하는 것이 더 효과적이다. 예를 들어, 서준이가 모둠 활동을 방해할 경우, 다음과 같이 표현할 수 있다.

"친구들과 협력해서 모둠 활동을 할 준비가 아직 되지 않은 것 같다. 안타깝지만 준비가 될 때까지 전에 말한 대로 개인 활동을 하도록 하자."

이처럼 학생의 행동과 그에 따른 논리적 결과를 자연스럽게 연결하는 방식을 사용하면, 학생이 감정적으로 반발하지 않으면서도 자기 행동에 대한 책임을 스스로 인식할 수 있도록 돕는다.

**유의점**

논리적 결과(합선책)를 적용할 때에도 모든 상황에서 이 방식을 활용하는 것이 적절한 것은 아니다. 다음과 같은 경우에는 논리적 결과를 활용하기보다 상황에 맞게 개입하는 것이 더 효과적이다.

- 안전에 위협이 되는 상황

학생이 위험한 행동을 하거나, 다른 학생들에게 신체적 위험을 가하는 경우에는 논리적 결과를 적용하는 대신, 즉시 개입하여 안전을 확보해야 한다.

- **교사와 학생 간 힘겨루기가 발생하는 상황**

  학생이 교사의 권위에 도전하며 반항하는 경우, 논리적 결과보다는 상황을 진정시키고 관계를 회복하는 접근이 필요하다.

- **학생이 무기력하거나 감정적으로 힘든 상태일 때**

  학생이 감정적으로 지쳐 있거나, 학습 동기가 낮아져 있는 경우에는 논리적 결과를 적용하기보다는 정서적인 지지와 격려가 우선되어야 한다. 즉, 훈육의 목표는 학생이 바람직한 행동을 배우고 성장하는 것이므로, 상황에 따라 적절한 방법을 선택하는 것이 중요하다.

### 8. 합선책(결과에 대해 합의하고 선택권을 주어 책임지게 하기)

학생을 존중하며 행동과 결과의 연관성을 이해시키고, 결과에 대해 합의하며 선택권을 주어 책임지게 하면, 학생이 스스로 책임감을 기를 수 있어요. 또한, 비난이나 수치심을 주지 않고 지도하면 학생과의 긍정적인 관계를 유지하면서도 효과적으로 행동을 교정할 수 있어요. 이러한 접근 방식은 학생의 자율성과 자기조절 능력을 길러주며, 장기적으로 더 건강한 학습 태도를 형성하는 데 도움을 줘요.

**성찰 질문**

- 행동에 대해 책임져야 할 결과를 학생과 함께 합의하나요?
- 책임을 지게 하기 전에 학생이 스스로 생각하고 올바른 행동을 선택할 기회를 주나요?
- 수치심을 느끼게 하거나 비난하지 않으며 책임지게 하나요?

### Tip
**학생 지도 시 교사가 하지 말아야 할 것**

1. 교사의 권위에 지나치게 신경 쓰지 않는다.

교사가 "선생님께 감히 네가 이럴 수 있어?"와 같은 표현을 사용하며 자존심과 권위를 세우려고 하면, 학생들은 오히려 더 반발할 가능성이 높다. 권위를 세우려고 할수록, 오히려 학생들에게 권위를 잃게 될 수 있다. 학생 지도에서 중요한 것은 강압적인 권위가 아니라, 신뢰를 바탕으로 한 자연스러운 영향력이다.

2. 문제 행동을 하지 않도록 약속을 강요하지 않는다.

학생에게 약속을 강요하면, 그 상황을 모면하기 위해 약속하는 경우가 많다. 그러나 강요된 약속은 학생이 진심으로 받아들이지 않기 때문에 지속적인 행동 변화로 이어지지 않는다. 학생이 자발적으로 실천할 수 있는 약속을 하도록 기다리고, 선택할 기회를 주는 것이 더 효과적이다.

3. 학생에게 겁을 주지 않는다.

겁을 주면 학생들은 일시적으로 교사의 지시에 따를 수 있지만, 근본적인 태도 변화로 이어지지는 않는다. 결국, 시간이 지나면 같은 문제 행동을 반복할 가능성이 높다. 두려움이 아닌 이해와 책임감을 바탕으로 한 지도 방식이 장기적으로 더 효과적이다.

## 생각해 보기

다음 표를 보며 신뢰와 도전이 있는 교실 문화를 위해 내가 하고 있는 것을 살펴보세요.

| 전략 | 체크할 내용 | 체크 |
|---|---|---|
| 5<br>즉각 지도,<br>추후 지도<br>행동 구분하기 | 수업 중 즉각적으로 개입해야 하는 행동과 추후 지도할 행동을 구분하고 개입하나요? | |
| 6<br>수업 중단 없이<br>지도하기 | 학생이 수업에 몰입하는 것을 어떻게 알 수 있나요? | |
| | 학생이 수업에서 벗어나는 것을 어떻게 알 수 있나요? | |
| | 학생이 수업에 벗어나는 것을 초반에 알아차리나요? | |
| | 교사가 수업을 방해하지 않으면서 수업에서 멀어지는 학생에게 적절히 개입하나요? | |
| 7 알파 지시하기 | 나는 평소에 어떠한 방식으로 학생에게 지시하나요? 알파 지시를 하나요? | |
| | 지시에 따르도록 비언어적 표현(거리, 눈 맞춤, 낮은 목소리)을 효과적으로 활용하나요? | |
| | 지시에 따르도록 언어적 표현(하라는 말 사용하기, 짧게)을 적절히 사용하나요? | |
| | 지시를 실행할 충분한 시간을 주나요? | |
| | 학생의 반응에 따라 즉각적이고 적절한 피드백을 주나요? | |

| 8<br>결과에 대해<br>합의하고<br>선택권을 주어<br>책임지게 하기 | 행동에 대해 책임져야 할 결과를 학생과 함께 합의하나요? | |
| --- | --- | --- |
| | 책임을 지게 하기 전에 학생이 스스로 생각하고 올바른 행동을 선택할 기회를 주나요? | |
| | 수치심을 느끼게 하거나 비난하지 않으며 책임지게 하나요? | |

**성찰 질문**

· 잘하고 있는 점과 개선하고 싶은 점은 무엇인가요?
· 제시된 전략 이외에 더할 수 있는 것은 무엇인가요?

# 2부

# 문제 예방 및 학습 참여 촉진하기

문제 행동이 발생했을 때 효과적으로 대처하는 것은 중요하지만, 그보다 더 중요한 것은 예방이다. 문제 행동을 사전에 예방하면, 교사가 대처하는 데 소요되는 노력과 시간을 줄일 수 있으며, 학생들과의 학습에 집중할 수 있는 기회가 많아진다. 예방을 통해 수업의 흐름이 유지되면, 학생들의 참여와 학습 효과를 높일 수 있다.

제이콥 쿠닌(Jacob Kounin)은 수업의 원활하고 매끄러운 실행이 학생들의 참여와 집중력을 유지하고, 문제 행동을 예방하는 데 핵심적인 역할을 한다고 강조했다. 그의 연구에 따르면, 수업이 매끄럽게 실행되지 않으면 학생들의 주의가 흐트러지고, 이는 곧 문제 행동으로 이어질 가능성이 크다. 반면, 수업이 자연스럽게 이어질 경우, 학생들은 수업의 흐름에 몰입하며 적극적으로 학습에 참여할 수 있다.

### 수업이 끊기는 주요 원인과 해결책

수업의 흐름이 중단되면, 학생들의 집중력이 낮아지고 문제 행동이 발생할 가능성이 높아진다. 수업이 끊기는 주요 원인은 다음과 같다.

## 1. 학습 분위기 형성의 미흡
- 수업을 시작할 때 학습 분위기가 제대로 형성되지 않으면, 학생들이 수업에 집중하기 어렵다.
- 학습 분위기가 잘 형성되어야, 수업의 흐름이 매끄럽게 이어질 수 있다.

## 2. 단조로운 수업 실행
- 수업의 속도나 실행 방식이 지나치게 단조로우면, 학생들은 쉽게 흥미를 잃고 주의를 분산시킨다.
- 학습 환경에 변화를 주지 못하고, 학생들에게 새로운 자극을 제공하지 않으면, 수업이 지루해질 수 있다.
- 결과적으로, 학생들의 몰입도가 떨어지고 문제 행동이 증가할 가능성이 커진다.

## 3. 명확하지 않은 안내
- 학생들에게 주어진 과제나 활동이 명확하게 전달되지 않으면, 학생들은 혼란을 느끼고 수업에 몰입하기 어렵다.

이러한 문제를 방지하기 위해 교사는 학습 분위기를 조성하고, 단조로운 실행을 피하며, 명확한 안내를 제공해야 한다.

### 수업을 효과적으로 이끄는 핵심 요소

쿠닌은 교사가 수업을 효과적으로 운영하기 위해 필요한 요소들을 다음과 같이 강조했다.

**1. 수업의 끊김 없이 지속성 유지**
- 교사가 수업을 중단하지 않고 자연스럽게 다음 활동으로 전환할수록, 학생들의 집중력이 유지된다.
- 갑작스러운 지연이나 혼란은 학생들이 산만해질 계기가 되므로, 이를 최소화하는 것이 중요하다.

**2. 수업 전환 시 매끄러움 유지**
- 활동 간 전환이 부드럽게 이루어지면, 학생들은 주의를 유지하며 다음 활동에 쉽게 몰입할 수 있다.
- 수업의 원활한 실행은 학생들에게 명확한 방향성과 리듬을 제공하여 문제 행동이 발생할 여지를 줄인다.

따라서 교사는 단순히 문제 행동을 처리하는 관리자의 역할을 넘어서, 수업의 환경과 흐름을 설계하는 '디자이너'의 역할을 해야 한다.

문제 행동을 예방하는 가장 효과적인 방법은 수업의 흐름을 매끄럽게 유지하는 것이다. 이를 위해 교사는 학습 분위기를 형성하고, 단조로운 실행을 피하며, 명확한 안내를 제공하는 데 신경 써야 한다.

### 2부의 특징과 목적

2부에서는 문제 행동 예방과 학습 참여 촉진이라는 두 가지 핵심 목표를 중심으로 한다. 학생들이 능동적으로 참여하고 집중할 수 있는 수업 환경을 조성함으로써, 교사는 문제 행동에 대처하기 위한 시간을 줄이고 수업의 흐름을 유지할 수 있다. 이 과정에서 제이콥 쿠닌(Jacob Kounin)이 강조한 매끄러운 수업 실행과 지속성 유지 원칙을 기반으로, 학생들이 수업의 흐름에 몰입하도록 돕는 구체적인 방법들을 강조한다.

# 1장
# 학습 분위기 조성하기

학생들이 수업에 적극적으로 참여하려면 집중력을 발휘해야 한다. 이를 위해서는 적절한 긴장감이 필요하다. 교사가 전달하는 내용을 이해하고 기억하기 위해서는 집중이 필수적이기 때문이다.

그러나 학생들의 집중을 유지하는 것은 어렵지만, 흐트러지는 것은 순간적이다. 예를 들어, 교실에 벌레 한 마리만 들어와도 학생들의 주의는 곧바로 산만해지고, 온 관심이 벌레에게 쏠리면서 수업이 중단될 수 있다. 이렇게 흐트러진 집중을 다시 모으는 데는 많은 시간과 에너지가 소모된다.

따라서 한 번 모은 주의가 흐트러지지 않도록 유지하는 것이 매우 중요하다. 학생들의 주의가 흐트러진 후 다시 집중하도록 유도하는 것보다, 처음부터 집중을 지속할 수 있도록 관리하는 것이 더 효과적이다.

### 학습 분위기 조성의 중요성

특히, 3월 한 달 동안 교사가 어떻게 수업을 준비하고 이끌어가는지는 학생들의 수업 태도를 결정짓는 중요한 시기이다. 이 시기에 형성된 학습 분위기는 학생들이 이후 1년 동안 어떻게 수업에 참여하는지를 결정짓는 기초가 된다. 따라서 '학습 분위기 조성하기'는 3월부터 꾸준히 지도해야 하며, 1년 내내 동일한 루틴을 반복하는 것이 효과적이다.

'학습 분위기 조성하기'에서는 다음의 4가지 전략에 대해 다룬다.

## 9
## 수업 시작 시
## 해야 할 일 가르치기

 수업이 시작될 때 학생들이 자연스럽게 학습 모드로 전환할 수 있도록 돕는 것은 중요하다. 그러나 쉬는 시간에서 곧바로 집중하기 어려워하는 학생들도 있기 때문에, 명확한 절차를 정하고 이를 반복적으로 지도하는 것이 필요하다.

**상황**

 수업이 시작되자 학생들은 자리에 앉지만, 여전히 친구들과 대화를 나누는 학생들이 있다. 쉬는 시간에 사용했던 물건들이 책상 위에 그대로 놓여 있거나, 아예 이전 활동을 계속하고 있는 학생도 있다.
 양 선생님은 학생들이 수업이 시작되면 조용히 자리에 앉아 준비를 마친 상태에서 수업을 듣길 바라지만, 생각처럼 쉽게 이루어지지 않는다.

 수업을 원활하게 시작하려면, 학생들이 쉬는 시간에서 학습 모드로 전환하는 과정이 필요하다. 쉬는 시간은 수업에 집중하기 위해 잠시 긴장을 이완하고 휴식을 취하는 시간이다. 이때는 교사의 말에 집중할 필요

없이, 친구들과 잡담을 하거나 놀이를 하며 에너지를 충전하는 것이 자연스럽다.

그러나, 수업이 시작되면 학생들은 교사의 말에 집중하며 함께 학습에 참여해야 한다. 즉, 이완된 상태에서 약간의 긴장된 상태로 자연스럽게 전환하는 과정이 필요하다. 일부 학생들은 이 전환을 어려워하는 경향이 있다. 따라서, 학년 초부터 수업 준비 절차를 명확하게 가르치고 반복적으로 연습시키는 것이 효과적이다.

### 수업 시작시 해야할 일을 훈련시키는 방법

- 시작 시 해야 할 일을 정하고 게시하기
- 중요한 절차임을 알리고 확인하기

### 시작 시 해야 할 일을 정하고 게시하기

쉬는 시간에서 수업 모드로 전환하기 위해 가장 먼저 해야 할 일은 하던 활동을 멈추고 자리에 앉는 것이다. 자리에 앉은 후에는 책과 준비물을 준비한다. 이 두 가지는 모든 학생이 반드시 지키도록 약속한다. 잘 보이는 곳에 이러한 절차를 게시하면 학생들이 바로 보고 행동할 수 있어 효과적이다.

**수업 시작 시 해야 할 일 예시**
- 하던 일 멈추고 자리에 앉기
- 책상 깨끗이 치우기

- 선생님 바라보기

각자 수업 시작 시 해야 할 일을 적어보고, 간단히 정리하여 단계별 절차를 만들어보는 것이 좋다. 이러한 과정을 통해 학생들이 명확한 규칙을 이해하고, 자연스럽게 실천할 수 있도록 유도할 수 있다.

### 중요한 절차임을 알리고 확인하기

수업 시작 시 집중하는 분위기를 조성하는 것은 매우 중요하다. 이러한 분위기를 만들기 위해서는 일관성 있게 강조하고, 이를 지속적으로 확인하는 것이 핵심이다.

특히, 3월 한 달 동안 집중하는 분위기를 지속적으로 알리고 확인하는 활동을 해야 학생들이 자연스럽게 습관화할 수 있다.

학생들은 교사가 무엇을 중요하게 여기는지 관심을 가지기 때문에, 교사가 특정한 부분을 반복적으로 강조하면 학생들은 그 부분이 중요하다는 것을 인식하고 지키려는 노력을 하게 된다.

이를 위해, 수업 시작 전에 다음과 같이 자연스럽게 안내할 수 있다.

"여러분 수업을 시작하는 절차는 선생님이 가장 중요하게 생각하는거예요. 꼭 기억하고 실천해 주면 좋겠어요. 수업을 시작할 때에는 세가지를 기억하세요. 첫째, 자리에 앉기. 둘째, 책상위 깨끗이 치우기. 셋째, 선생님 보기."

궁극적으로, 수업이 시작될 때 자연스럽게 집중하는 습관을 형성하도록 유도하는 것이 목표이며, 이를 위해 3월 한 달 동안 지속적인 강조와 확인이 필수적이다.

### 9. 수업 시작 시 해야 할 일 가르치기

수업 시작 시 학생들에게 명확한 절차를 안내해 쉬는 시간 모드에서 수업 모드로 전환하도록 지도하고, 이를 일관성 있게 강조하고 확인하여 집중 분위기를 형성해요!

### 성찰 질문

- 수업 시작 시 학생들이 해야 할 일을 알리고 게시하나요?
- 수업의 시작이 중요한 과정임을 알리고 확인하나요?

## 10. 곧바로 시작하기

수업 종이 울린 후 교사가 어떻게 대응하느냐에 따라 학생들의 집중도와 수업 분위기가 결정된다. 만약 수업 시작이 늦어지거나 명확한 신호 없이 실행되면, 학생들은 쉬는 시간 모드에서 벗어나지 못하고 산만해질 가능성이 크다. 따라서 수업을 원활하게 시작하기 위해서는 일정한 절차와 신호를 마련하는 것이 중요하다.

### 상황

쉬는 시간 동안 아이들은 분주하게 움직이고, 양 선생님 역시 컴퓨터 앞에서 업무를 처리하느라 바쁘다. 수업 종이 울리며 수업 시작을 알리지만, 선생님은 아직 업무를 마치지 못한 채 책상에 시선을 두고 있다.

학생들은 처음에는 조용히 선생님을 바라보지만, 선생님이 책상을 정리하는 모습을 보며 점차 산만해지기 시작한다. 선생님이 집중 구호를 외치며 수업을 시작하려 하지만, 아직 책을 준비하지 않은 학생이 있다. 선생님이 그 학생에게 다가가 책을 준비하도록 안내하는 동안, 집중했던 다른 학생들은 다시 주의가 흐트러진다. 이에 선생님은 다시 한 번 집중 구호를 외치지만, 교실의 집중도는 쉽게 회복되지 않는다.

위와 같은 상황은 많은 교사들이 한 번쯤 경험했을 법한 장면이다. 그러나 이 문제는 학생들이 집중하지 못하는 것만의 문제일까, 아니면 교사의 대처 방식에 개선이 필요한 것일까?

위 상황처럼 수업 시작을 알렸음에도 바로 시작하지 않으면, 학생들은 긴장을 늦추고 다시 쉬는 시간 모드로 돌아가 버린다. 이후 집중을 다시 회복하고 수업 모드로 전환하는 데는 더 많은 에너지가 소모되므로, 수업 종이 울리면 곧바로 수업을 시작하는 것이 가장 효과적이다.

하지만 교사는 예상치 못한 업무를 처리해야 하는 경우가 많아, 시작 종이 울려도 즉시 수업을 시작하기 어려운 상황이 발생할 수 있다. 이럴 때는 학교 종소리보다 교사만의 수업 시작 신호를 정해 두는 것이 효과적일 수 있다.

### 곧바로 시작하는 방법

- 시작 약속 정하기
- 곧바로 시작하기

### 시작 약속 정하기

수업을 곧바로 시작하기 위해서는 학생들과 미리 시작 약속을 정하는 것이 중요하다. 이 약속은 간단하면서도 명확해야 하며, 모든 학생이 쉽게 이해하고 실천할 수 있어야 한다.

**시작 약속의 예**

• 종 울리기

종이 울리면 조용히 자리에 앉아 교사를 바라보도록 약속한다.

• 수업시작 말 활용

교사가 "수업을 시작하겠습니다.", "모두 준비됐나요?"와 같은 말을 하면 학생들이 준비 자세를 갖춘다.

• 시작 노래나 짧은 음악

특정 노래나 음악을 틀면 학생들이 수업 준비 상태로 전환한다.

### 곧바로 시작하기

학생들이 교사를 바라보고 수업을 들을 준비가 되면, 지체없이 즉시 수업을 시작해야 한다. 준비된 학생들과 함께 곧바로 수업을 시작하면, 집중하지 못하던 학생들도 자연스럽게 수업에 몰입할 기회를 얻게 된다. 모든 학생이 준비될 때까지 기다리거나, 준비되지 않은 학생을 일일이 지적하면 오히려 수업 분위기가 경직될 수 있다. 이 과정에서 반복적으로 집중하지 못하는 학생이 있다면, 수업 실행을 멈추기보다 개별적으로 지도하여 점진적으로 개선하도록 하는 것이 바람직하다.

### 10. 곧바로 시작하기

수업 시작 시 종소리나 교사의 신호를 통해 간단하고 명확한 약속을 정해 학생들이 준비 상태로 전환하도록 유도해요. 준비가 되면 즉시 수업을 시작해 집중하지 못한 학생들도 자연스럽게 몰입할 수 있도록 해요!

### 성찰 질문

- 시작을 알리고 곧바로 수업을 시작하나요?

## 11
## 집중 자리에서 시작하기

 교사가 교실 내 적절한 위치(집중 자리)에서 수업을 시작하면 학생들의 시선과 주의를 효과적으로 모을 수 있다. 교사가 이동하거나 앉아서 수업을 실행하면 학생들의 주의가 분산되기 쉽다. 집중 자리는 학생들과 적절한 거리감을 유지하며 상호작용을 극대화할 수 있는 곳으로, 시각적 방해 요소가 없도록 정리하고 교사와 학생 모두에게 안정감을 주는 환경을 조성해야 한다.

**상황 1**
 수업이 시작된 후, 양 선생님은 말을 하면서 교실 앞을 이유 없이 서성이며 왔다 갔다 한다. 학생들은 수업 내용에 집중하기보다, 선생님의 움직임을 따라가느라 시선이 분산된다. 결과적으로 학생들의 주의가 흐트러지고, 집중력을 유지하기 어려운 환경이 조성된다.

 상황 1처럼 교사가 한 자리에 머물지 않고 계속 서성거릴 경우, 학생들은 교사에게 집중하기 어려워진다. 교사가 움직이면 학생들은 자연스럽게 교사의 몸동작을 따라가느라, 정작 교사의 말에는 집중하지 못하게 된다. 이러한 환경에서는 학생들이 시각적으로 분산되면서, 수업 내용보다는 교사의 움직임에 더 주의를 기울이게 된다.

**상황 2**

수업이 시작되었지만, 양 선생님은 교사 책상 앞에 앉아 있다. 교사가 적극적으로 학생들을 살피지 않자, 일부 학생들은 이를 눈치채고 자신이 하고 싶은 일을 하기 시작한다. 결과적으로 학생들의 학습 참여도가 낮아지고, 수업 분위기가 흐트러질 가능성이 커진다.

상황 2와 같이 교사가 앉아서 수업을 실행할 경우, 모든 학생이 교사의 시선을 받지 못하게 된다. 일부 학생들은 교사가 자신을 확인하지 않는다고 생각하면, 자연스럽게 자신이 하고 싶은 행동을 하게 되는 경향이 있다. 또한, 교사가 학생들을 충분히 살피지 못하므로, 학생들은 수업을 듣는 척하면서도 실제로는 집중하지 않게 될 가능성이 높다. 이러한 상황에서는 학생들이 몰입하지 못하고 문제 행동이 발생할 수도 있다.

우리에게는 자연스러운 거리감이 존재한다. 누군가가 너무 가까이 다가오면 본능적으로 부담을 느껴 몸을 살짝 뒤로 물리게 된다. 반대로, 너무 멀리서 이야기하면 상대방의 얼굴이 잘 보이지 않고, 거리감이 멀어 집중하기 어려워진다. 그러나 적절한 거리감이 유지될 경우, 학생들은 교사와 자연스럽게 눈맞춤을 하며 소통할 수 있고, 교사는 학생들의 반응을 직접 확인하며 지도할 수 있다. 따라서, 교사는 학생들이 집중할 수 있도록 '집중 자리'에서 수업을 시작하는 것이 중요하다.

'집중 자리'란, 교실 앞에서 학생들이 교사를 가장 잘 볼 수 있는 위치를 의미한다.

  이곳에 서서 수업을 실행하면, 교사도 학생들을 골고루 살필 수 있고, 학생들도 교사와 적절한 거리에서 집중할 수 있다. 집중 자리에서 수업을 하면, 교사는 학생들의 반응을 즉각적으로 확인할 수 있어 수업을 효과적으로 조율할 수 있다. 학생들은 안정적인 거리에서 교사를 바라보며, 집중력을 유지할 수 있다.

### 집중 자리에서 시작하는 방법

- 집중 자리 찾기
- 집중을 방해하는 장애물 치우기

### 집중 자리 찾기

  일반적으로 집중 자리는 교실의 맨 앞 중앙에 위치한다. 그러나 U자형 배치 등 자리 배치에 따라 집중 자리의 위치가 달라질 수 있다. 집중 자리를 찾는 방법은 간단하다. 교사가 원하는 위치에 직접 서서 학생들을 바라보며, 어떤 자리가 가장 안정감을 주는지 확인하면 된다. 이 과정을 통해 교사와 학생 모두 편안하게 소통할 수 있는 최적의 위치를 찾을 수 있다.

### 집중을 방해하는 장애물 치우기

  수업을 실행할 때, 교탁이나 가구가 시선을 가리면 학생들과의 거리감이 형성될 수 있으며, 집중을 방해할 수도 있다. 특히, 중앙에 놓인 교탁이 교사와 학생 사이를 가로막고 있다면, 학생들은 심리적으로도 거리감을 느끼게 된다. 이를 해결하기 위해서는 교탁을 옆으로 이동시키거나, 정면을 가리지 않도록 배치하여 학생들이 교사를 명확하게 볼 수 있도록 조정하는 것이 좋다. 이러한 작은 변화만으로도 교실의 개방감이 높아지고, 학생들의 집중도가 향상될 수 있다.

### 11. 집중 자리에서 시작하기

교실에서 교사가 어느 위치에 있는지에 따라 상호작용의 역동이 달라져요. 시작할 때는 집중 자리에서 시작해요!

### 성찰 질문

- 우리 교실 구조에서 집중 자리는 어디인가요?
- 집중 자리에서 시작하나요?
- 집중을 방해하는 장애물은 없나요?

### Tip
**집중할 수 있는 환경이란?**

집중을 돕기 위해서는 주변 환경을 정리하는 것이 매우 중요하다. 학생들이 가장 오랫동안 시선을 두는 곳은 교실 앞의 칠판과 게시판이므로, 이 공간을 어떻게 정리하느냐가 집중력에 큰 영향을 미친다.

칠판 정리하기
- 칠판에는 불필요한 부착물이나 글씨를 최소화하여 시각적 혼란을 줄인다.
- 수업과 관련된 핵심 내용만 남기고, 필요 없는 정보는 지우는 습관을 들인다.

게시판 정돈하기
- 칠판 옆 게시판이 너무 복잡하거나 화려하면 학생들의 집중력을 분산시킬 수 있다.
- 단순하고 안정감 있게 배치하여 학생들이 주의력을 유지할 수 있도록 한다.

교실 환경 정리하기
- 칠판 주변에 물건이 쌓여 있거나 지저분하게 놓여 있으면 시각적 방해 요소가 될 수 있다.
- 불필요한 물건을 치우고 깔끔한 환경을 유지하면, 학생들이 수업에 집중할 수 있다.

불필요한 시각적 자극을 줄이고, 정돈된 환경을 조성하면 학생들의 집중력을 높이는 데 큰 도움이 된다. 따라서, 교사는 정돈된 교실 환경을 유지하는 것 또한 효과적인 수업 운영의 중요한 요소로 인식해야 한다.

## 12. 눈맞춤과 곧고 열린 자세

수업에서 교사의 눈맞춤과 자세는 학생들의 집중과 신뢰 형성에 중요한 영향을 미친다. 교사가 자신감 있는 태도로 학생들과 소통하면, 수업의 몰입도가 높아지고 참여도가 향상될 수 있다. 반면, 눈맞춤이 부족하거나 위축된 자세는 학생들의 관심을 떨어뜨릴 가능성이 있다.

### 상황 1
수업이 시작되자 선생님은 교실을 이리저리 돌아다니며 설명하지만, 학생들과 눈을 맞추지 않고 허공을 바라본다. 간혹 학생들에게 시선을 보내는 듯하지만, 눈을 마주치지 않은 채 빠르게 다른 곳으로 돌려버린다. 이러한 모습은 학생들에게 소극적이고 자신감 없는 인상을 줄 수 있으며, 집중력을 떨어뜨릴 가능성이 크다.

학생들과 눈을 맞추는 것은 수업의 흐름을 원활하게 하고, 학생들의 집중을 유지하는 데 중요한 역할을 한다. 교사가 학생들에게 시선을 두지 않거나 빠르게 이동시키면, 학생들은 교사의 관심을 받지 못한다고 느낄 수 있다. 따라서 교사는 교실 전체를 고르게 살피면서 자연스럽게 눈맞춤을 유지해야 한다. 이를 통해 학생들은 수업에 적극적으로 참여하고, 교사의 말을 신뢰하게 된다.

**상황 2**

선생님의 체구는 작고 왜소하며, 평소 말소리도 작고 느릿하다. 팔을 어떻게 해야 할지 몰라 한쪽 손으로 다른 쪽 팔을 잡고 있는 모습을 보이며, 자신감이 부족해 보이는 태도를 보인다. 이러한 자세와 작은 목소리는 학생들에게 위축된 인상을 주어, 교사의 말에 대한 신뢰와 집중도를 낮추는 요인이 될 수 있다.

사람들은 신뢰감을 주는 사람의 말을 귀담아듣는 경향이 있다. 신뢰는 말과 행동에서 드러나는 태도를 통해 형성되며, 특히 자신감 있는 말과 행동을 보이는 사람의 말에 집중하는 것이 일반적인 심리이다. 교사가 무의식적으로 한쪽 팔을 잡는 행동을 하면, 학생들에게 자신감이 부족하다는 인상을 줄 수 있다. 따라서 교사는 당당하고 개방된 자세를 유지하며 학생들 앞에 서야 한다. 이를 통해 학생들은 교사의 말에 집중하고, 수업에 몰입할 수 있다.

눈맞춤과 신뢰감 있는 태도는 효과적인 수업을 위해 필수적이다. 교사는 이러한 요소들을 신경 쓰면서 학생들과 적극적으로 소통함으로써 몰입도 높은 학습 환경을 조성할 수 있다.

## 올바른 시선과 자세를 취하는 방법

- 시선을 골고루 주기
- 곧고 열린 자세 취하기

### 시선을 골고루 주기

집중 자리에서 시작한 뒤, 이제는 학생들 모두와 눈 맞춤을 할 수 있도록 골고루 시선을 주는 연습을 해보자. 이때 교실을 가로로 삼등분하여 한쪽에서 차례로 점을 찍듯이 시선을 주며 학생들을 고루 살펴본다. 학생들과 눈을 맞추며 서로 수업 준비가 되었음을 확인할 수 있다.

상황 1의 선생님은 학생들과 눈을 맞추지 않고 허공을 바라보거나 시선을 빠르게 이동시키는 모습을 보인다. 이러한 태도는 학생들에게 소극적이고 자신감이 부족한 인상을 줄 수 있으며, 집중력을 떨어뜨릴 가능성이 크다.

따라서 선생님은 학생들과의 적절한 눈맞춤을 유지하는 연습이 필요하다. 교실을 가로로 구역을 나누어 한쪽에서 다른 쪽으로 차례로 시선을 보내는 방식으로 학생들을 골고루 바라보는 것이 효과적이다. 또한, 한 명의 학생과 짧은 순간 눈을 맞추고 나서 다른 학생으로 시선을 옮기는 방식으로 자연스러운 눈맞춤을 형성할 수 있다.

눈맞춤뿐만 아니라, 자신감 있는 태도를 함께 유지하는 것도 중요하다. 몸을 지나치게 움직이기보다는 안정적인 자세를 유지하면서 시선을 학생들에게 두는 연습을 하면, 보다 신뢰감 있는 인상을 줄 수 있다. 학생들이 교사의 말을 신뢰하고 수업에 집중하도록 돕기 위해, 또렷한 목소리와 자연스러운 손동작을 활용한 제스처를 함께 연습하는 것도 추천한다.

### 곧고 열린 자세 취하기

발은 어깨너비로 벌리고 허리와 어깨를 펴며, 팔은 자연스럽게 양옆으로 늘어뜨린다. 팔이 어색하다면 말하는 내용에 맞는 다양한 제스처를 연습해 보자.

상황 2의 선생님은 신뢰감을 높이기 위해 몇 가지 연습을 시도해 볼 수 있다. 예를 들어, 팔을 잡는 습관을 점차 줄이며, 팔을 자연스럽게 펴고 개방된 자세를 유지하는 것이 바람직하다. 또한, 허리와 어깨를 곧게 펴는 것이 자신감 있는 태도를 형성하는 데 도움이 될 수 있다. 더불어, 손과 팔을 활용한 적절한 제스처를 연습하면 학생들의 관심을 끌고, 수업 내용 전달이 자연스럽고 효과적으로 이루어질 가능성이 높다.

**12. 눈 맞춤과 곧고 열린 자세**

수업을 시작할 때 학생들 한명 한명과 눈맞춤을 하고 곧고 열린 자세를 취하면 신뢰감을 주어 더 집중하게 할 수 있다는 것 잊지 말아요!

**성찰 질문**

- 학생에게 시선을 골고루 주나요?
- 자세는 곧고 열려 있나요?

## 생각해 보기

다음 표를 보며 문제 예방 및 학습 참여를 촉진하기 위해 내가 하고 있는 것을 살펴보세요.

| 전략 | 체크할 내용 | 체크 |
|---|---|---|
| 9<br>수업 시작 시<br>해야 할 일 가르치기 | 수업 시작 시 학생들이 해야 할 일을 알리고 게시하나요? | |
| | 수업의 시작이 중요한 과정임을 알리고 확인하나요? | |
| 10<br>곧바로 시작하기 | 시작을 알리고 곧바로 수업을 시작하나요? | |
| 11<br>집중 자리에서<br>시작하기 | 우리 교실 구조에서 집중 자리는 어디인가요? | |
| | 집중 자리에서 시작하나요? | |
| | 집중을 방해하는 장애물은 없나요? | |
| 12<br>눈맞춤과<br>곧고 열린 자세 | 학생에게 시선을 골고루 주나요? | |
| | 자세는 곧고 열려 있나요? | |

**성찰 질문**

- 잘하고 있는 점과 개선하고 싶은 점은 무엇인가요?
- 제시된 전략 이외에 더할 수 있는 것은 무엇인가요?

# 2장
# 수업 속도 조절하기

  수업이 지루하거나 산만해지는 원인은 단순히 수업 내용에만 있는 것이 아니다. 교사가 수업을 실행하는 속도와 활동 간 전환 방식도 학생들의 집중력과 참여도에 큰 영향을 미친다. 일정한 속도로 단조롭게 이어지는 수업이나 전환이 느린 수업은 학생들의 흥미를 떨어뜨릴 수 있다. 반면, 학습 내용과 상황에 맞게 속도를 조절하고 활동 전환을 원활하게 하면 학생들의 몰입도를 높일 수 있다.

  수업 속도 조절은 단순히 빠르거나 느리게 실행하는 것이 아니라, 학습의 흐름에 맞는 리듬과 변화를 조성하는 과정이다. 예를 들어, 복습할 때는 속도를 높여 집중도를 유지하고, 새로운 개념을 도입할 때는 속도를 느리게 하여 이해를 돕는 것이 효과적이다. 또한, 활동 간 전환 시간을 최소화하면 수업의 흐름이 끊기지 않아 학생들이 자연스럽게 몰입할 수 있다.

  이 장에서는 교사가 수업 속도를 효과적으로 조절하고 전환을 매끄럽게 실행하는 전략을 다룬다. 이러한 방법을 통해 수업의 중단을 줄이고, 학생들이 능동적으로 학습에 참여할 수 있도록 돕는 데 초점을 맞춘다.

## 13
## 빠른 속도로 지난 시간 복습하기

수업을 시작할 때 전 시간에 배운 내용을 복습하는 것은 중요하다. 하지만 복습이 지나치게 길어지거나 속도가 느려지면, 학생들의 집중력이 떨어질 수 있다. 그렇다면 효과적인 복습 방법은 무엇일까?

**상황**

수업이 시작되었다. 양 선생님은 지난 시간에 배운 것을 돌아보는 질문을 한다. 중요한 내용을 기억하는지 확인하기 위해 수업에 집중하지 못하는 용준이를 시킨다. 용준이는 시간을 끌다가 답하지 못한다. 용준이에게 잘 들으라고 말하고 현우에게 같은 질문을 한다. 현우가 질문에 맞는 답을 한다. 양 선생님은 다음 질문으로 넘어간다.

양 선생님은 학생들에게 전시 학습을 상기시키기 위해 질문을 활용하고 있다. 하지만 특정 학생을 지목해 답변을 요구하는 방식은 복습 시간을 길어지게 만들고, 수업의 속도를 저하시킬 수 있다.

전시 학습 복습의 목적은 학생들이 지난 시간의 내용을 빠르게 떠올리도록 하는 것이지, 개별 학생들의 기억력을 테스트하는 것이 아니다.

따라서 한 명씩 질문하는 방식보다는 전체 답변을 유도하거나 빠른 템포로 실행하는 것이 효과적이다

### 빠른 속도로 지난 시간 복습하는 방법

- 단원의 내용을 유기적으로 연결하여 가르치기
- (수업을 준비할 때) 중요한 개념을 교사 말로 설명해 보기
- 주요 내용을 학생이 말하도록 질문을 미리 준비하기
- 전체 답을 하게 하기
- 거꾸로 묻기

### 단원의 내용을 유기적으로 연결하여 가르치기

수업에서는 단원의 내용을 유기적으로 연결하여 가르치는 것이 중요하다. 비록 수업이 차시별로 실행되지만, 각 차시의 내용은 단원 내에서 밀접하게 연계되어 있다. 따라서 전시 학습을 통해 이전 시간에 배운 내용을 빠르게 상기하고 확인하는 것이 바람직하다.

그러나 실제 수업에서는 단원의 흐름을 고려하지 않고 차시 단위로 내용을 개별적으로 가르치는 경우가 많다. 이러한 방식은 학생들이 단원의 전체적인 개념을 이해하기 어렵게 만들고, 배운 내용을 단편적으로 받아들이게 할 수 있다. 따라서 차시별 수업을 독립적으로 실행하는 것이 아니라, 이전 학습과 자연스럽게 연결하며 지도하는 것이 필요하다. 이를 통해 학생들은 단원 내 개념들을 논리적으로 정리하고, 학습의 연속성을 유지할 수 있다.

### (수업을 준비할 때) 중요한 개념을 교사 말로 설명해 보기

지난 시간 복습을 빠르게 하려면 먼저 이미 가르친 중요한 내용을 교과서를 보지 않고 교사가 자기 말로 말할 수 있어야 한다. 보통 교사들은 가르칠 내용을 이미 알고 있다고 생각하는 경향이 있다. 하지만 교사가 교과서를 보지 않고 자기 말로 설명하려고 하면 막히는 경우가 꽤 많다. 예를 들면 "기후란 무엇인가?" 우리가 흔히 사용하고 있는 낱말이라 쉽게 설명할 수 있다고 생각하지만, 막상 설명하려고 하면 쉽게 나오지 않는 개념어이기도 하다. 기후란 '한 지역에서 여러 해에 걸쳐 나타나는 평균적인 날씨'를 의미한다. 교사가 교과서를 보지 않고도 개념을 자기 말로 쉽게 설명할 수 있어야 학생들에게 빠르게 질문하는 것이 가능해진다. 빠르게 질문을 하면 학생들이 거기에 답을 하기 위해 정신 에너지를 쓰게 된다. 즉, 지난 시간에 배운 중요한 내용을 상기하는 데 집중하게 되고 자연스럽게 몰입할 수 있게 된다.

### 주요 내용을 학생이 말하도록 질문을 미리 준비하기

빠른 질문이 익숙해질 때까지는 질문을 미리 준비하는 것이 좋다. 이때 중요한 개념이나 내용을 교사가 말하는 것이 아니라 학생이 답할 수 있도록 질문을 만들어야 한다. 왜냐하면 학습해야 하는 주체는 교사가 아니라 학생이기 때문이다. 학생이 자기 말로 되뇌어 보면서 중요한 내용을 떠올릴 수 있도록 해야 한다. 예를 들어 중요한 내용이 민주주의의 기본원리 중 '국민 주권의 원리'와 '권력 분립의 원리'라 하면 질문은 "민주주의의 기본원리 2가지는 무엇인가요?"라고 물을 수 있다. 질문에 '2가지'라는 단서를 주면 학생들이 실마리를 찾아 답변하기 쉬워진다.

### 전체 답을 하게 하기

전시학습 상기에 대한 질문을 하면 보통 몇몇 학생들만 답하게 된다. 대답을 한 학생은 답을 알고 있다. 하지만 답을 하지 않는 모든 학생이 그것을 안다고 할 수는 없다. 이때 모든 학생이 함께 답을 따라 말하게 하면 답을 한 학생뿐 아니라 듣고 있던 학생 모두에게 전 시간에 배운 내용을 효과적으로 상기시킬 수 있다. 예를 들어, "민주주의의 기본원리 두 가지가 무엇이었죠?"라고 질문했을 때, 한 학생이 "국민 주권의 원리"와 "권력 분립의 원리"라고 답했다고 하자. 이때 교사가 "다시 한번, 뭐라고요?"라고 되물으면 모든 학생이 함께 답을 말하게 되어 내용을 더 효과적으로 되새길 수 있다.

### 거꾸로 묻기

학생들이 잘 기억하도록 돕기 위해 질문을 역으로 바꿔서 할 수 있다. 위의 예에서 질문은 '민주주의의 기본원리 두 가지가 무엇이죠?'이었고 답은 '국민 주권의 원리'와 '권력 분립의 원리'였다. 이제 질문과 답을 거꾸로 바꿔서 "국민 주권의 원리와 권력 분립의 원리가 뭐죠?"라고 물을 수 있다. 학생들은 "민주주의의 기본원리입니다."라고 답할 수 있다.

**13. 빠른 속도로 지난 시간 복습하기**

지난 시간 복습을 할 때에는 시간을 오래 끌지 않고, 짧은 발문으로 툭툭 치고 나가는 것이 중요해요!

**성찰 질문**

- 한 단원(주제)의 맥락에서 중요한 내용들을 연결하여 복습하나요? 하는가?
- 빠른 질문과 전체 답으로 속도를 살려서 지난 시간 복습을 실행하나요?하는가?

## 14
## 수업 실행 속도 조절하기

수업 속도는 학습 내용과 상황에 따라 유동적으로 조절하는 것이 중요하다. 일정한 속도로만 실행되는 수업은 학생들의 집중력을 떨어뜨릴 수 있다. 아래 사례를 통해 그 영향을 살펴보자.

**상황**

양 선생님의 수업이 시작되었다. 양 선생님은 일정한 속도로 학생들에게 설명하기 시작한다. 5분, 10분이 지나도 양 선생님의 수업은 일정한 속도로 실행된다. 학생들은 한두 명씩 시계를 쳐다보기 시작하고, 조금씩 자세가 흐트러진다. 어떤 학생은 지루함을 달래기 위해 공책에 그림을 그리기 시작하고, 또 다른 학생은 책상 위에 엎드린다.

일정한 속도로 실행되는 수업은 학생들의 집중력을 유지하기 어렵게 만든다. 학창 시절 가장 힘들었던 수업 중 하나가 단조로운 톤과 일정한 속도로만 실행되는 수업이었을 것이다. 이는 단순한 설명 방식의 문제가 아니라, 뇌가 지속적인 동일 자극에 적응하며 각성 수준이 낮아지는 현상과 관련이 있다.

실제로 일정한 리듬의 소리는 백색 소음과 유사한 효과를 일으켜 사람을 편안하게 하거나 졸음을 유도한다. 빗소리, 파도 소리, 바람 소리 등이 수면을 돕는 이유도 이 때문이다. 이처럼 변화 없이 일정한 속도로만 실행되는 수업은 학생들의 학습 몰입도를 낮추고, 지루함을 느끼게 하며, 결과적으로 수업에 대한 집중력을 떨어뜨릴 가능성이 크다.

수업이 지나치게 느리게 실행되면 학생들은 수업의 흐름을 따라가지 않고 지루해하며 산만해질 수 있다. 따라서 수업 속도를 조절하지 않으면, 학생들의 적극적인 참여가 어려워지고 학습 효과도 저하될 가능성이 높다.

### 수업 실행 속도를 조절하는 법

- 적절한 타이밍에 수업의 속도를 빠르게 하거나 느리게 한다.

수업 실행 속도를 조절한다고 해서 수업 속도를 무조건 빠르게 하거나 느리게 하는 것이 좋은 것은 아니다. 수업 속도를 적절히 조절하면 분위기를 활발하게 만들거나, 학생들의 집중력을 높이는 데 도움을 줄 수 있다.

**수업 실행 속도를 빠르게 해야 할 때**
- 이미 배운 내용을 복습할 때
- 학생들이 잘 알고 있는 내용일 때
- 쉽게 이해할 수 있는 내용일 때

**수업 실행 속도를 느리게 해야 할 때**
- 새롭게 배우는 내용일 때
- 어려운 내용일 때
- 중요한 내용일 때

수업 속도를 보통으로 유지하면서도, 적절한 타이밍에 속도를 조절하는 전략이 필요하다. 수업이 활발하고 역동적인 분위기를 유지할 때는 속도를 빠르게 하고, 학생들의 집중력을 끌어올려야 할 때는 속도를 늦추어 약간의 긴장감을 형성할 수도 있다.

### 14. 수업 실행 속도 조절하기

수업의 속도를 학습 내용과 상황에 맞게 빠르게 또는 느리게 조절하여 지루함을 줄이고 학생들의 집중과 참여를 유도해요.

### 성찰 질문

- 학생들이 몰입하도록 적절히 속도의 변화를 주며 수업을 실행하나요?

## 15 활동 전환 속도 빠르게 하기

　수업 중에는 다양한 형태의 활동 전환이 이루어진다. 교사가 설명하다가 영상을 보여주거나, 개별 활동에서 모둠 활동으로 넘어가는 등 활동이 바뀌는 순간마다 학생들의 집중력이 영향을 받는다. 하지만 전환 과정이 길어지면 학생들은 집중력을 잃고, 교실 분위기가 산만해질 수 있다. 아래 사례를 통해 활동 전환 속도가 느려질 때 어떤 문제가 발생하는지 살펴보자.

### 상황 1
　양 선생님은 파워포인트 슬라이드를 활용하여 첫 활동을 실행했다. 다음 활동을 위해 리모컨을 찾지만 보이지 않는다. 여기저기 뒤적거리며 리모컨을 찾는 동안 일부 학생들은 친구와 이야기를 나누기 시작한다.
　이어서 학생을 발표시키기 위해 실물화상기를 켜지만, 발표 자료를 조정하는 데 시간이 걸린다. 양 선생님이 실물화상기에 집중하는 사이, 한 학생이 자리를 이동해 쓰레기를 버린다. 이를 본 다른 학생도 '돌아다녀도 되나 보다'라고 생각하며 자리에서 이탈해 친구와 이야기를 나눈다.
　결국 양 선생님은 학생들을 다시 자리로 돌려보내고, 주의 집중을 유도하기 위해 몇 차례 구호를 반복한 후에야 다음 활동으로 넘어갈 수 있었다.

    수업 중 활동 전환이 매끄럽지 않으면 학생들은 자연스럽게 집중력을 잃고, 교실 분위기가 흐트러진다. 이 사례에서는 교사의 준비 부족으로 인해 전환 시간이 길어지면서 학생들이 주의를 돌리는 현상이 발생했다.
    교사가 활동 전환에 시간을 소요하는 동안, 학생들은 기다리는 시간이 길어졌고, 결국 교실을 돌아다니거나 친구들과 이야기하는 등 산만한 행동을 보이게 되었다. 이처럼 전환 시간이 늘어나면 학생들의 몰입도가 낮아지고, 교사가 다시 집중을 유도하는 데 많은 에너지를 소비해야 한다.

### 상황 2

    양 선생님은 학생들이 교실을 돌아다니는 활동을 실행했다. 이제 학생들을 모두 자리에 앉히고 설명을 시작하려 한다. 학생들에게 앉으라고 지시한 후, 모두가 앉을 때까지 기다린다.
    그러나 친구와 이야기를 나누느라 지시를 듣지 못한 학생들이 있어 시간이 지연된다. 아직 앉지 않은 학생들을 기다리는 동안, 이미 앉은 학생들은 집중을 잃고 친구들과 이야기를 나누기 시작한다. 그 결과 교실 분위기가 점점 산만해진다.

    활동 전환에서 학생들을 정리하는 과정이 원활하지 않으면 전환 시간이 길어지고, 학생들의 집중력이 점점 낮아지게 된다. 이 사례에서는 일부 학생들이 교사의 지시를 놓쳤고, 교사는 학생들이 모두 앉을 때까지 기다렸다. 그러나 기다리는 동안 이미 앉아 있던 학생들이 산만해지면서, 교실 분위기는 점점 흐트러졌다.

전환 과정에서 교사가 시간을 지체하면, 학습 흐름이 끊기고 학생들의 집중도가 낮아진다. 결국, 교사는 학생들을 다시 정리하는 데 많은 에너지를 들여야 하고, 수업이 원활하게 실행되기 어려워진다. 교사가 활동을 준비하는 시간이 길어질 경우, 학생들은 자연스럽게 다른 것에 관심을 돌리며 주의가 흐트러진다. 또한, 전환이 원활하지 않으면 학생들 간의 대화가 많아지고, 심할 경우 다툼과 같은 문제 행동이 발생할 수도 있다.

따라서 활동 전환 속도를 빠르게 하는 것만으로도 학생들의 문제 행동을 예방하고, 실제 학습 시간을 늘릴 수 있다.

### 활동 전환 속도 빠르게 하는 법

- 기자재 위치 및 발표 자리 정하기
- 수업 흐름 기억하기
- 전환의 시점을 의식하기
- 전환 타이밍을 반박자 빠르게 가져가기

### 기자재 위치 및 발표 자리 정하기

기자재의 위치를 일정하게 유지하면 활동 전환 시간을 최소화할 수 있다.

**TV 리모컨과 마우스 위치 지정**
- 자주 사용하는 기자재는 항상 같은 곳에 보관하여 필요할 때 바로 찾을 수 있도록 한다.

**실물화상기 배치 최적화**
- 학생이 쉽게 접근할 수 있는 위치에 설치한다.
- 실물화상기 아래에 발표 자료를 놓을 위치를 미리 정해두고, 학생이 즉시 자료를 올려 발표할 수 있도록 한다.

**발표 자리 사전 안내**
- 학생들이 발표할 위치를 미리 안내하여, 발표 시 불필요한 이동 없이 자연스럽게 실행되도록 한다.


### 수업 흐름 기억하기
수업 흐름을 미리 정리해두면 활동 전환 시간을 줄일 수 있다.

<예시>

활동 전 : 이전 내용 및 준비물 확인

활동 1 : 민주주의의 의미 정의

활동 2 : 민주주의 기본 원리 3가지 조합

정리 : 다시 말하기로 정리

**활동별 주요 내용을 간단히 메모하기**
- 수업 준비 시 활동 흐름을 따로 정리해 놓는다.

**수업 전에 여러 번 떠올려 연습하기**
- 흐름을 숙지하여 수업 중 자연스럽게 다음 활동을 떠올릴 수 있도록 한다.


### 전환의 시점을 의식하기
활동이 끝나는 시점을 인식하고, 다음 활동을 빠르게 준비하는 연습이 필요하다.

**한 활동이 끝날 때 다음 활동을 미리 떠올리기**
- 활동 종료 지점이 가까워지면 자연스럽게 다음 활동을 떠올린다.

**메모지를 활용하여 빠르게 확인**
- 잘 떠오르지 않을 경우, 미리 정리한 메모지를 빠르게 확인하고 전환을 준비한다.

**반복 연습으로 패턴 익히기**
- 전환을 의식하며 연습하면 점차 자연스럽게 빠른 전환이 가능해진다.


### 전환 타이밍을 반박자 빠르게 가져가기
활동 전환 시 학생들이 완전히 준비될 때까지 기다리기보다, 어느정도 완료되었다고 생각될 때 게 다음 활동으로 넘어가야 한다.

### 학생이 모두 앉기를 기다리지 않기

- 대다수 학생이 자리에 앉으면 즉시 다음 활동을 실행한다.

> **예시**
>
> "지금부터 정해진 자리로 이동하세요." (대부분 이동한 후) → "안내면 진다, 가위바위보!"

이렇게 하면 늦게 이동한 학생들도 자연스럽게 활동에 참여하게 된다. 이러한 전략을 활용하면 전환 시간이 단축되고, 학생들의 집중력이 유지되며, 수업 흐름이 원활하게 실행될 수 있다.

**15. 활동 전환 속도 빠르게 하기**

활동 전환 시간을 줄이기 위해 기자재 위치를 정리하고, 수업 흐름을 기억하며, 전환 시점을 의식하고 반박자 빠르게 다음 활동으로 넘어가도록 유도해요.

**성찰 질문**

- 기자재 위치 및 발표 자리를 정했나요?
- 수업의 흐름과 전환의 시점을 의식했나요?
- 전환 시점을 반박자 빠르게 가져가나요?

## 생각해 보기

다음 표를 보며 문제 예방 및 학습 참여를 촉진하기 위해 내가 하고 있는 것을 살펴보세요.

| 전략 | 체크할 내용 | 체크 |
|---|---|---|
| 13<br>빠른 속도로<br>지난 시간<br>복습하기 | 한 단원(주제)의 맥락에서 중요한 내용들을 연결하여 복습하나요? | |
| | 빠른 질문과 전체 답으로 속도를 살려서 지난 시간 복습을 실행하나요? | |
| 14<br>수업 실행<br>속도 조절하기 | 생들이 몰입하도록 적절히 속도의 변화를 주며 수업을 실행하나요? | |
| 15<br>활동 전환<br>속도<br>빠르게 하기 | 기자재 위치 및 발표 자리를 정했나요? | |
| | 수업의 흐름과 전환의 시점을 의식했나요? | |
| | 전환 시점을 반박자 빠르게 가져가나요? | |

### 성찰 질문

- 잘하고 있는 점과 개선하고 싶은 점은 무엇인가요?
- 제시된 전략 이외에 더할 수 있는 것은 무엇인가요?

# 3장
# 명확한 안내와 확인하기

 수업 중 학생들이 혼란을 느끼거나 참여가 저조한 이유 중 하나는 교사의 안내가 충분히 명확하지 않거나 부족하기 때문이다. 교사가 아무리 열심히 준비하고 설명하더라도, 학생들이 활동의 목표와 방법을 제대로 이해하지 못하면 수업이 원활하게 실행되기 어렵다. 반대로, 명확한 안내와 체계적인 확인이 이루어지면 학생들은 수업에 더 몰입하고, 학습 목표도 효과적으로 달성할 수 있다.

 명확한 안내란 단순히 교사가 활동을 설명하는 것을 넘어서, 학생들이 활동의 목표와 과정, 기대하는 결과를 쉽게 이해하도록 돕는 것이다. 또한, 안내 후에는 학생들이 잘 따라오고 있는지 점검하고, 필요한 피드백을 제공하는 과정도 중요하다. 이렇게 하면 수업의 질이 높아지고, 불필요한 문제 상황도 예방할 수 있다.

 이 장에서는 교사가 명확한 안내를 통해 학생들이 수업에 집중하고 학습에 몰입할 수 있도록 돕는 방법을 살펴본다. 학생들이 활동에 적극적으로 참여할 수 있도록 안내하는 방법뿐만 아니라, 안내 후 점검과 피드백이 왜 중요한지도 함께 알아본다.

## 16 활동 안내 명확하게 하기 1

활동 안내를 할 때는 명확한 목표를 제시하고, 학생들이 활동의 목적과 과정을 정확히 이해할 수 있도록 도와야 한다. 활동의 방식이 불분명하면 학생들은 혼란을 느끼고, 참여도가 떨어질 수 있다. 아래 사례를 통해 활동 안내가 부족할 때 발생하는 문제를 살펴보자.

**상황**

양 선생님은 전체 활동을 마친 후 모둠 활동을 시작하려 한다. 오늘 배울 내용은 카드를 활용한 놀이 활동이다. 양 선생님은 슬라이드를 띄워 열심히 설명한 뒤 활동을 시작했다. 그러나 학생들은 자꾸 질문한다.

"선생님, 이거 어떻게 하는 거예요?"

순회하며 학생들을 살펴보지만, 몇몇 모둠은 활동을 시작하지 않고 노는 모습도 보인다. 또한, 쓰기 과제를 내주고 한참이 지난 후에도 여전히 활동을 시작하지 않는 학생들이 있다. 하지만 개별적으로 계속 안내하기에는 시간이 부족하고, 활동 시간을 무한정 늘릴 수도 없어 양 선생님은 답답한 마음이 든다.

양 선생님은 활동 안내를 충분히 했다고 생각했지만, 학생들은 여전히 어떻게 해야 할지 몰라 우왕좌왕하고 있다. 활동이 복잡한데 말로만 설명하는 경우, 학생들이 정확히 이해하지 못할 가능성이 크다.

특히, 활동 중 "어떻게 해요?" "잘 모르겠어요."라는 질문이 반복된다면, 이는 교사의 안내가 충분하지 않았다는 신호일 수 있다. 학생들이 활동 방법을 제대로 이해하지 못하면 참여도가 낮아지고, 일부 학생들은 아예 활동을 시작하지 않는 경우도 생긴다. 이처럼 활동 안내가 불명확하면 학습이 원활하게 이루어지기 어렵고, 교사는 반복적으로 같은 설명을 해야 하는 상황에 놓이게 된다.

이러한 문제를 예방하려면, 활동의 목표를 명확하게 안내하고 학생들이 이해했는지 확인하는 과정이 필요하다. 또한, 시범을 통해 직접 보여주면 학생들이 활동 방법을 쉽게 이해할 수 있다.

### 활동 안내 명확히 하는 방법

- 명시적 목표를 안내하고 확인한다.
- 시범을 보인다.

### 명시적 목표 안내 및 확인

활동을 지시할 때, 학생들이 활동 목표를 명확하게 이해할 수 있도록 설명하고, 활동이 끝난 후 학습 결과를 어떻게 확인할지 안내한다. 즉, 활동 목표를 명확히 제시하고, 활동 후에 확인할 방법을 구체적으로 안내하는 것이다. 다음 예시를 살펴보자.

| 일반적 안내 | "이번에 갤러리 워크를 할거예요. 갤러리 워크는 친구들의 결과물을 책상 위에 두고 각자 돌아다니는 거예요. 돌아다니면서 친구들의 작품을 살펴보도록 합시다." |
|---|---|
| 명시적 목표 안내 및 확인 | • 활동 목표: 잘한 점 찾기<br>• 확인 방법: 무작위 뽑기로 찾은 잘한 점 발표하기<br><br>"이번에 갤러리 워크를 할거예요. 갤러리 워크는 친구들의 결과물을 책상 위에 두고 각자 돌아다니는 거예요. 돌아다니면서 친구들의 작품을 살펴보도록 합시다. 우리가 지금 하는 활동은 친구들의 작품을 둘러보고 잘한 점을 찾는 거예요. 끝나고 나면 무작위로 뽑아서 어떤 점을 찾았는지 확인하며 이야기 나누는 시간을 가질게요. 돌아다니면서 무엇을 보아야 한다고요?" |

'일반적인 안내'는 목표와 점검 방법이 명확하지 않기 때문에 학생들이 친구들의 작품을 대충 살펴볼 가능성이 크다. 반면, '명확한 목표 안내 및 확인'이 이루어지면 학생들은 무엇을 집중해서 보아야 하는지 알 수 있으며, 활동 후 점검까지 체계적으로 이루어져 목표 달성 가능성이 높아진다.

## 시범을 보인다.

과정이 복잡하거나 학생들이 처음 접하는 활동이라면, 말로만 설명하기보다 직접 시범을 보이는 것이 효과적이다. 교사 또는 대표 학생이 먼저 시범을 보여주면, 학생들은 활동의 흐름을 더 쉽게 이해할 수 있다. 처음 듣는 설명은 모호하게 느껴질 수 있지만, 실제 시연을 통해 활동이 어떻게 실행되는지 보면 이해가 훨씬 빠르고 정확해진다.

### 16. 활동 안내 명확하게 하기 1

활동 안내를 명확히 하기 위해 명시적 목표와 확인 방법을 안내하고, 필요시 시범을 보여줘요. 이렇게 하면 학생들이 혼란을 줄이고 활동에 적극적으로 참여할 수 있어요.

### 성찰 질문

- 명시적 목표를 안내하고 확인하나요?
- 활동이 복잡할 경우 시범을 보이나요?

## 17 활동 안내 명확하게 하기 2

    학생들이 활동에 집중하고 원활하게 참여하려면, 활동 안내를 명확하게 전달하는 것이 중요하다. 특히, 활동 중 예상되는 문제 행동을 미리 파악하고 이를 예방할 수 있도록 안내하면 활동의 흐름을 효과적으로 유지할 수 있다. 또한, 짧고 절도 있는 시작 말을 사용하고, 활동 종료 시점을 명확히 알리는 것도 학생들이 주어진 시간 안에 집중할 수 있도록 돕는 방법이다.

### 상황

    양 선생님은 학생들이 개인별로 학습한 결과물을 확인하도록 갤러리 워크 활동을 준비했다. (갤러리 워크: 학습 결과물을 전시하고 학생들이 돌아다니며 결과물을 관찰하는 활동) 양 선생님은 학생들에게 친구들의 작품을 자세히 관찰하라고 안내한 후 활동을 시작했다.

    그러나 활동이 시작되자, 학생들은 친한 친구들끼리 몰려다니기 시작했다. 한쪽에서는 뛰어다니는 학생이 생기고, 고함을 지르는 학생도 발생했다. 마치 놀이시간처럼 교실을 돌아다니는 학생들을 보며, 양 선생님은 답답한 마음이 들었다.

이 사례에서 양 선생님은 갤러리 워크 활동을 준비했지만, 예상치 못한 문제 행동이 발생하면서 활동이 원래 목적대로 이루어지지 않았다. 학생들은 활동의 목적과 방법을 충분히 이해하지 못한 채, 자유롭게 움직이며 활동을 놀이처럼 받아들였다.

갤러리 워크처럼 학생들이 자유롭게 이동하는 활동에서는, 딴짓하기, 해야 할 일을 하지 않고 그냥 돌아다니기, 친구들과 모여서 다른 이야기를 하는 문제 행동이 자주 발생할 수 있다. 따라서 이러한 행동을 예상하고, 학생들에게 하지 말아야 할 것과 해야 할 것을 명확하게 안내하는 것이 중요하다.

**문제 행동을 예방하는 안내하기 방법**

- 문제 행동 예상하고 안내하기
- 시작 말 사용하기
- 끝나는 시간 안내하기

**문제 행동 예상하고 안내하기**

수업 활동 중 예상되는 문제 행동을 미리 파악하고, 해야 할 행동과 하지 말아야 할 행동을 구체적으로 안내하면 문제 행동을 예방할 수 있다. 학생들은 활동 방법이 명확하지 않을 때 자연스럽게 산만해지거나 잘못된 방식으로 참여할 가능성이 높다. 따라서 그동안 관찰한 결과를 바탕으로 문제 행동을 예상하고, 구체적인 지침을 제공하는 것만으로도 수업의 질을 높일 수 있다.

### 예상되는 문제 행동과 올바른 행동 안내

| 예상되는 문제 행동 | 해야 할 올바른 행동 |
|---|---|
| 몰려 다니기 | 혼자 다니기 |
| 뛰어 다니기 | 걸어 다니기 |
| 잡담하기 | 조용히 다니기 |

**구체적인 안내 예시**

- "이번 시간에는 갤러리 워크를 할 거예요. 갤러리 워크는 친구들의 결과물을 책상 위에 전시하고, 우리가 돌아다니며 작품을 살펴보는 활동이에요. 이번 활동의 목표는 친구들의 작품을 자세히 보고, 잘한 점을 찾는 것입니다."
- "이 활동을 할 때, 함께 몰려다닐 필요가 없겠죠? 활동 중에는 혼자 다니도록 합니다. 또한, 조용히 작품을 감상해야 하므로 대화는 하지 않습니다. 뛰어다니지 않고 걸어 다녀야 하겠죠? 활동이 끝난 후에는 무작위로 몇 명을 뽑아 친구들의 작품에서 어떤 점이 좋았는지 이야기 나누는 시간을 가질 거예요."

이처럼 해야 할 행동과 하지 말아야 할 행동을 명확하게 안내하면, 학생들은 자연스럽게 바람직한 방식으로 활동에 참여하게 된다.

### 시작 말 사용하기

짧고 절도 있는 시작 말을 사용하면 학생들을 동시에 출발선에 세우고 활동을 시작하는 효과를 얻을 수 있다. 체육대회나 큰 행사에서 사회자가 "준비, 출발!"이라고 외치면 모든 참가자가 동시에 반응하듯, 교사의 간결한 지시는 학생들이 지금 무엇을 해야 하는지 빠르게 인식하도록 돕는다.

수업 중 일부 학생들은 교사의 말을 끝까지 경청하지만, 어떤 학생들은 듣는 척하면서 다른 생각을 하거나, 활동 대신 장난을 치려는 경우도 있다. 이때 교사가 짧고 명확한 시작 신호를 주면, 학생들은 자연스럽게 집중하고 동시에 활동을 시작할 가능성이 높아진다.

**시작말 예시**
- "준비, 시~작!"
- "지금부터 시~작!"

이처럼 일관된 시작 신호를 사용하면 학생들이 자연스럽게 학습 흐름을 따를 수 있다.

### 끝나는 시간 안내하기

학생마다 학습 속도가 다르므로, 모든 학생의 속도에 맞춰 활동을 실행하기는 어렵다. 따라서 활동 시간을 미리 정해 학생들에게 명확히 안내하는 것이 효과적이다.

**끝나는 시간을 안내하는 방법**

1. 타이머 활용하기

학생들이 시각적으로 남은 시간을 확인할 수 있어 유용하다.

단, 시간이 줄어드는 것이 부담이 될 수 있다는 점도 고려해야 한다.

2. 교사가 직접 시간 안내하기

　타이머를 제시하지 않고 교사만 타이머를 보며 학생들에게 활동 시간을 안내하는 방법이다. 학생들이 시간의 흐름을 인식하기 어렵지만, 타이머보다 시간에 대한 부담을 덜어줄 수 있다. 또한, 필요에 따라 교사의 재량으로 시간을 조정할 수 있다.

　활동 종료 시간이 명확하게 정해지면 학생들은 주어진 시간 내에 집중하여 과제를 수행할 수 있으며, 불필요한 지연을 방지할 수 있다.

**17 활동 안내 명확하게 하기 2**

문제 행동을 예방하기 위해 예상되는 문제 행동을 구체적으로 안내하고, 짧고 절도 있는 시작말을 사용하고 끝나는 시간을 명확히 알려줘요. 이렇게 하면 학생들이 활동에 집중하고 원활하게 참여할 수 있어요.

**성찰 질문**

• 문제 행동을 예상하고 안내하나요?
• 짧고 절도 있게 시작말을 하나요?
• 끝나는 시간을 안내하나요?

## 18 안내 후 점검하기

활동을 안내한 후 교사가 학생들의 참여를 점검하면 문제 행동을 예방하고, 학생들이 활동에 몰입할 수 있도록 도울 수 있다. 교사가 안내만 하고 바로 다른 활동 준비를 하게 되면 일부 학생들은 과제를 시작하지 않거나, 주의가 흐트러질 수 있다. 반면, 안내 후 잠시만이라도 학생들의 참여를 확인하고 피드백을 제공하면, 학습 분위기를 안정적으로 유지할 수 있다.

### 상황

양 선생님은 학생들에게 활동을 안내한 뒤, 교사 책상으로 돌아가 다음 활동을 준비한다. 그런데 교실 뒤쪽에서 소곤거리는 소리가 들리기 시작한다. 양 선생님은 조용히 과제에 집중하라고 다시 안내한다. 이후 교실을 둘러보던 양 선생님은 아직 과제를 시작하지도 못한 학생을 발견한다.

작은 차이가 큰 변화를 만들 때가 있다. 활동 안내 후 점검하는 것과 하지 않는 것의 차이가 바로 그렇다.

양 선생님은 학생들에게 활동을 안내한 후, 학생들이 실제로 참여하고 있는지를 충분히 확인하지 않았다. 그 결과, 일부 학생들은 과제를 시작하지 못한 채 방치되었고, 몇몇 학생들은 주의가 흐트러지면서 대화를 나누거나 집중력을 잃게 되었다. 학생들이 활동을 시작하지 못하는 이유는 여러 가지일 수 있지만, 교사가 확인하지 않는다면 이러한 문제를 파악할 기회조차 사라지게 된다.

만약 교사가 학생들이 과제를 시작했는지 한 번만 둘러보고 점검했더라면, 문제 행동을 예방하고 학습 분위기를 더 안정적으로 유지할 수 있었을 것이다. 활동 안내 후 점검하는 것은 단순한 감독이 아니라, 학생들이 학습에 제대로 참여하고 있는지를 확인하고 필요한 도움을 줄 수 있는 중요한 과정이다.

이처럼 교사가 활동 안내 후 학생들의 참여 여부를 점검하지 않으면, 학생들은 집중력을 잃고 학습 분위기가 흐트러질 가능성이 높다. 반면, 잠시만이라도 학생들의 상태를 확인하고 참여를 독려하면, 문제 행동을 줄이고 학습 몰입도를 높일 수 있다.

### 안내 후 점검하는 방법

- 집중 자리에서 학생들을 둘러본다.
- 참여를 확인하고 있음을 학생이 알게 한다.
- 피드백한다.

### 집중 자리에서 학생들을 둘러본다.

집중 자리는 학생들이 교사를 가장 잘 볼 수 있는 위치이면서, 교사가 학생들을 한눈에 살펴볼 수 있는 곳이기도 하다. 이 자리에서 학생들을 둘러보기만 해도 누가 활동에 참여하고 있는지, 누가 집중하지 못하고 있는지 쉽게 확인할 수 있다.

### 학생들에게 교사가 참여를 확인하고 있음을 알린다.

안내 후에는 교사가 학생들의 활동을 확인하고 있다는 사실을 학생들도 인식해야 한다. 이를 알리는 방법은 여러 가지가 있다.

#### 눈으로 확인하기

교실을 좌-중-우 세 구역으로 나누어 점을 찍듯 시선을 이동하며 학생들의 활동을 살핀다. 학생들은 교사의 시선을 통해 확인받고 있음을 느낄 수 있다.

#### 말로 확인하기

"1모둠과 2모둠이 활동에 잘 참여하고 있군요."처럼 참여도를 언급하며 학생들에게 관심을 보인다.

#### 몸짓으로 확인하기

시선을 이동하며 손짓을 함께 사용하면, 학생들이 교사가 자기 활동을 확인하고 있음을 분명히 인식할 수 있다.

### 피드백을 제공한다.

학생들의 참여를 독려하기 위해 긍정적 피드백과 교정적 피드백을 적절히 활용한다.

#### 긍정적 피드백
학생들이 활동에 잘 참여하고 있다면 이를 언급해 격려한다.

**예시**
- "길동이와 우치가 집중해서 하고 있군요!"
- "모두 잘 참여하고 있네요!"

#### 교정적 피드백
참여가 저조한 학생이 있을 경우, 부정적인 표현을 사용하기보다 긍정적인 결과를 강조하며 유도한다.

**예시**
- "한 명만 더 하면 모두 다 참여하겠네요!"

이러한 방법을 활용하면 학생들은 교사가 자신들의 활동을 확인하고 있으며, 올바르게 참여하는 것이 중요하다는 점을 자연스럽게 인식하게 된다. 이를 통해 학습 분위기가 정돈되고, 학생들의 몰입도도 높아질 수 있다.

**18. 안내 후 점검하기**

활동 안내 후 집중 자리에서 학생들을 둘러보고 참여를 확인하며 긍정적인 피드백을 제공해 문제 행동을 예방해 봅시다.

**성찰 질문**

- 안내 후 학생들의 참여를 점검하나요?
- 확인하는 것을 학생이 알게 하나요?
- 점검 후 피드백을 하나요?

## 19
# 주의 집중 신호 활용하기

수업 중 주의 집중은 학습의 출발점이다. 학생들이 집중하지 않으면 학습 내용을 효과적으로 전달하기 어렵고, 수업의 흐름도 끊길 수 있다. 주의 집중 신호는 간단하고 명확해야 하며, 신호 후 즉시 지시를 전달하여 학생들의 집중력을 유지하는 것이 중요하다. 또한, 신호의 반복보다는 학생들이 학습 내용에 몰입할 수 있도록 유도하는 데 초점을 맞춰야 한다.

### 상황

양 선생님은 수업을 시작하기 전, 학생들의 주의를 집중시키기 위해 집중 박수를 시도한다. "박수 세 번, 시작!". 하지만 반응이 좋은 학생들은 즉시 따라 하지만, 일부 학생들은 여전히 친구와 이야기를 나누거나 멍하니 앉아 있다.

이번에는 손짓을 활용해 조용한 집중 신호를 보낸다. 한 손은 입술에 대고, 다른 한 손은 어깨 옆으로 들어 학생들에게 따라 하도록 유도한다. 일부 학생들은 교사를 따라 하지만, 몇몇 학생들은 여전히 책상 위를 두드리거나 자리에서 돌아다닌다.

"자, 모두 집중하세요!" 양 선생님이 다시 한번 강조하지만, 몇몇 학생들은 여전히 반응이 없다. 결국, 집중하지 않는 학생들에게 개별적으로 다가가 주의 주다 보니, 집중했던 학생들까지도 점점 흐트러진다. 주의 집중을 시키려던 의도와 달리, 오히려 교실이 산만해지고 수업이 지연된다.

주의 집중이 되지 않으면 학습이 이루어질 수 없다. 학생들의 주의를 집중시키는 방법에는 여러 가지가 있지만, 중요한 것은 어떤 신호를 활용하는가보다 그것을 어떻게 활용하는지다.
양 선생님의 사례처럼, 주의 집중 신호를 사용해도 일부 학생들이 따르지 않으면 교사는 그 학생들을 지도하는 데 집중하게 되고, 그 과정에서 오히려 전체 학급의 집중이 깨질 수 있다. 학생들이 자연스럽게 집중할 수 있도록 돕는 방법에 대해 알아보자.

### 효과적으로 주의 집중 신호 활용하는 방법

- 주의 집중 신호는 명확하고 간단해야 한다
- 주의 집중 신호 후 1초 안에 말하기
- 학습 내용에 집중하게 하기

### 주의 집중 신호는 명확하고 간단해야 한다.

주의 집중 신호는 짧고 간단해야 하며, 너무 많은 종류를 사용하기보다는 2~3가지 정도로 제한하는 것이 효과적이다. 교사가 자연스럽게 사용할 수 있고, 학생들의 학년에 맞는 신호를 선택하는 것이 중요하다.

**주의 집중 신호 예시**
- 종 울리기
- "선생님을 보세요, 하나, 둘, 셋!"
- "박수 세 번, 시작!"

### 주의 집중 신호 후 1초 안에 말하기

주의 집중 신호의 핵심 목적은 학생들이 교사에게 주의를 집중하도록 유도하는 것이다. 그러나 신호 후 몇 초간 침묵이 길어지면 학생들의 집중력이 다시 흐트러질 수 있다.

따라서 주의 집중 신호를 한 후, 학생들이 집중하는 순간 1초 안에 바로 지시를 전달하는 것이 효과적이다. 신호 후 2초 이상 지체하면 학생들의 주의가 다시 분산될 가능성이 크므로, 신속하게 다음 단계로 넘어가야 한다.

### 학습 내용에 집중하게 하기

모든 학생이 100% 집중 신호에 즉각 반응하도록 만드는 것은 현실적으로 어렵다. 집중하지 않는 학생 한두 명 때문에 주의 집중 신호를 여러 번 반복하는 것은 오히려 역효과를 낼 수 있다. 이미 집중한 학생들이 반복적으로 신호에 응답하는 것을 부담스러워할 수 있으며, 집중하지 않는 일부 학생을 지도하는 데 시간을 쓰다 보면 오히려 전체적인 학습 흐름이 방해될 수 있다.

주의 집중 신호의 목적은 학생들이 신호에 집중하는 것이 아니라, 학습 내용에 집중하는 것이다. 신호는 수업 몰입의 마중물 역할만 하면 충분하며, 모든 학생이 완벽하게 반응할 때까지 반복하는 것보다 대다수 학생이 반응하면 자연스럽게 학습 내용으로 넘어가는 것이 더 효과적이다.

### 19. 주의 집중 신호 활용하기

주의 집중 신호는 명확하고 간단해야 하며, 신호 후 1초 안에 지시를 전달하여 학생들의 집중력을 유지해야 해요. 또한, 신호의 반복보다는 학생들이 학습 내용에 몰입할 수 있도록 유도하는 것이 중요해요.

### 성찰 질문

- 주의 집중 신호는 명확하고 간단 하나요?
- 주의 집중 신호 후 1초 안에 말을 하나요?
- 주의 집중 신호보다 학습 내용에 집중하게 하나요?

### 생각해 볼거리

**주의 집중이란?**

주의 집중에 대해 이해하려면 먼저 '집중한다'라는 의미가 무엇인지 명확히 해야 한다. 학생이 집중한다는 것은 무엇을 의미할까?

'선생님을 바라본다.', '질문에 손을 들어 발표를 적극적으로 한다.'라고 답할 수 있다.

그렇다면, 반대로 생각해 보자.

학생이 선생님을 바라보지 않으면 집중하지 않는 것일까? 발표를 적극적으로 하지 않으면 집중하지 않는 것일까?

어떤 학생은 선생님과 친구의 말을 노트에 적으며 생각을 정리한다. 또 어떤 학생은 내성적이라 발표를 하지는 않지만, 주의 깊게 듣고 내용을 이해하려고 노력한다. 이처럼 집중하는 모습은 다양할 수 있으며, 꼭 눈으로 보이는 행동만이 집중의 기준이 될 수는 없다.

### 학생들은 어떻게 집중하는가?

수업 시간 40~50분 동안 단 한 순간도 흐트러지지 않고 집중하는 사람이 있을까? 아무리 주의 깊게 듣고 발표를 적극적으로 하는 학생도 100% 집중하기는 어렵다. 수업을 듣다가 다른 생각이 떠오르기도 하고, 이전에 들은 내용을 되새기느라 다음 내용을 놓치기도 한다. 그러나 잠시 흐트러졌더라도 다시 수업에 몰입하는 과정이 반복되면서 학습이 이루어진다.

이 과정에서 학생들은 잠시 다른 생각을 했다가도 금방 수업으로 돌아오는 경우가 있고, 한 번 흐트러지면 오랫동안 집중하지 못하는 경우도 있다. 교사가 개입해야 하는 상황은 바로 후자이다. 전자는 자연스러운 과정이므로 교사가 개입하지 않아도 된다.

### 주의 집중에 대한 교사의 신념

교사가 주의 집중을 어떻게 정의하느냐에 따라 학생을 대하는 방식도 달라진다. "학생이 모두 나를 바라볼 때 집중한 것이다."라고 생각하는 교사는 모든 학생이 교사를 바라볼 때까지 기다린 후 수업을 시작한다. "학생의 2/3 정도가 바라보면 충분하다."라고 생각하는 교사는 일부 학생이 덜 집중하더라도 바로 수업을 시작한다.

이처럼 주의 집중의 기준은 교사의 신념에 따라 달라질 수 있다. 어떤 방식이 절대적으로 옳거나 그르다고 단정할 수는 없지만, 자신이 가진 신념이 어떤 긍정적·부정적 영향을 미치는지는 성찰해볼 필요가 있다.

결국, 부정적인 영향이 크다면 개선하고, 긍정적인 효과가 크다면 유지하는 것이 중요하다. 주의 집중의 개념을 유연하게 바라보고, 학생들의 다양한 집중 방식을 인정하며 수업을 운영하는 것이 효과적인 학습 환경을 조성하는 데 도움이 될 것이다.

## 20 발성과 언어 활용

교사의 목소리는 수업의 흐름을 결정하는 중요한 요소다. 말의 속도와 높낮이에 변화를 주고, 중요한 부분에서는 멈춤과 강조를 활용하며, 음절의 길이를 조절하면 전달력을 높일 수 있다. 이러한 언어적 기법은 학생들의 주의를 끌고 몰입도를 높이는 데 효과적이다.

**상황**

김 선생님은 하이톤의 목소리를 갖고 있다. 수업을 열정적으로 실행하지만, 학생들은 시간이 지나면서 점점 피로감을 느낀다. 일부 학생들은 귀가 아프다고 느끼기도 한다.

반면, 양 선생님은 저음의 목소리를 갖고 있다. 낮은 목소리로 말하면 소리가 퍼져 뒤쪽에 앉은 학생들은 잘 들리지 않는다. 하루 종일 같은 톤과 속도로 수업이 실행되다 보니, 학생들은 점점 집중력을 잃는다.

모든 사람은 각자 고유한 목소리 톤과 발성, 말의 속도를 갖고 있다. 교사가 자기 목소리 특성을 인식하는 것은 매우 중요하다, 왜냐하면 학생들은 하루 종일 그 목소리를 들으며 학습하기 때문이다.

모든 목소리에는 장점도 있고 단점도 존재한다. 중요한 것은 자기 목소리를 효과적으로 활용하는 방법을 익히고, 필요할 때 변화를 주는 것이다. 목소리의 단조로움을 피하고, 전달력을 높이기 위해 말의 속도와 높낮이를 조절하고, 강조와 멈춤을 적절히 활용하면 학생들의 집중도를 유지할 수 있다.

### 교사의 발성과 언어 활용 방법

- 말의 빠르기와 높낮이에 변화를 준다.
- 중요한 부분에서는 멈춤과 강조를 활용한다.
- 음절의 길이를 늘이거나 줄인다.

### 말의 빠르기와 높낮이에 변화를 준다.

말의 속도와 높낮이가 일정하면, 로봇이 기계적으로 말하는 것처럼 부자연스럽게 들릴 수 있다. 중요하지 않은 부분은 빠르게, 중요한 부분은 천천히 말하는 것이 효과적이다. 또한, 목소리에 높낮이 변화를 주면 학생들의 주의를 집중시키는 데 도움이 된다.

### 중요한 부분에서 멈춤과 강조를 활용한다.

**멈춤**

말을 잠시 멈추면 긴장감을 형성하고, 학생들의 궁금증을 자극하여 주의를 집중시키는 효과를 얻을 수 있다. 전달력을 강화하려면 적절한 순간에 멈춤을 활용하는 것이 중요하다. 특히, 다음과 같은 상황에서 멈추면 메시지를 명확하게 전달할 수 있다.
- 중요한 낱말을 말하기 전에
- 문장과 문장 사이에서
- 반전이 있거나 궁금증을 유발할 때

**강조**

강조란 중요한 부분을 크고 강하게 소리 내어 말하는 것이다. '절대음감 놀이'처럼 특정 음절을 강조하는 연습을 하면 효과적이다.

예를 들어, 다음 문장을 다양한 방식으로 강조하며 읽어보자.
예시 문장 : 말의 빠르기와 높낮이에 변화를 준다.

'빠르기'를 크고 강하게 소리 내어 읽어보자.
말의 **빠르기**와 높낮이에 변화를 준다.
→ 빠르고 느린 속도 변화에 초점이 맞춰진다.

'높낮이'에 강조를 줘 보자.
말의 빠르기와 **높낮이**에 변화를 준다.
→ 높고 낮은 목소리 변화가 중요하게 느껴진다.

'변화'를 강하게 소리 내어 읽어보자.
말의 빠르기와 높낮이에 **변화**를 준다.
→ 전체적으로 변화를 주는 것이 핵심이라는 느낌을 준다.

이처럼 강조하는 단어에 따라 전달되는 의미가 달라지며, 말하는 사람의 의도를 명확하게 전달할 수 있다.

**음절의 길이를 늘이거나 줄인다.**

음절의 길이를 늘이면 강조 효과가 커지고 감정이 풍부하게 전달된다. 특히, 부사나 모음을 늘이면 더 효과적이다. 예시를 비교해 보자.

**예시**
- 아주 멀리 vs 아주 머얼리
- 오래오래 vs 오오래 오래
- 행복하게 vs 해앵복하게

반면, 음절의 길이를 줄이면 스타카토(staccato) 같은 짧고 또렷한 느낌을 줄 수 있다. 아래 예시에서 진하게 표시된 부분을 짧게 끊어 말해 보자.

- 아주 행 복 한 사람
- 아주 중 요 한 약속
- 학교 앞 에 서 보자

이처럼 음절의 길이를 조절하는 것만으로도 말의 리듬과 전달력을 효과적으로 조정할 수 있다.

### 20. 발성과 언어 활용

발성과 언어를 활용할 때, 말의 빠르기와 높낮이를 조절하고, 중요한 부분에서는 멈춤과 강조, 음절 길이 변화를 활용하여 학생들의 집중을 효과적으로 유도해요

### 성찰 질문

- 자기 목소리 톤, 발성, 말의 빠르기를 인식하나요?
- 말의 빠르기와 높낮이에 변화를 주나요?
- 중요한 부분에서는 멈춤과 강조, 음절의 길이 조절을 하나요?

## 생각해 보기

다음 표를 보며 문제 예방 및 학습 참여를 촉진하기 위해 내가 하고 있는 것을 살펴보세요.

| 전략 | 체크할 내용 | 체크 |
|---|---|---|
| 16<br>활동 안내<br>명확하게 하기 1 | 명시적 목표를 안내하고 확인하나요? | |
| | 활동이 복잡할 경우 시범을 보이나요? | |
| 17<br>활동 안내<br>명확하게 하기 2 | 문제 행동을 예상하고 안내하나요? | |
| | 짧고 절도 있게 시작말을 하나요? | |
| | 끝나는 시간을 안내하나요? | |
| 18<br>안내 후 점검하기 | 안내 후 학생들의 참여를 점검하나요? | |
| | 확인하는 것을 학생이 알게 하나요? | |
| | 점검 후 피드백을 하나요? | |
| 19<br>주의 집중 신호<br>활용하기 | 주의 집중 신호는 명확하고 간단 하나요? | |
| | 주의 집중 신호 후 1초 안에 말을 하나요? | |
| | 주의 집중 신호보다 학습 내용에 집중하게 하나요? | |

| 20<br>발성과 언어<br>활용하기 | 자기 목소리 톤, 발성, 말의 빠르기를 인식하나요? | |
| | 말의 빠르기와 높낮이에 변화를 주나요? | |
| | 중요한 부분에서는 멈춤과 강조, 음절의 길이 조절을 하나요? | |

**성찰 질문**

- 잘하고 있는 점과 개선하고 싶은 점은 무엇인가요?
- 제시된 전략 이외에 더할 수 있는 것은 무엇인가요?

## 4장
# 수업에 변화 주기

　수업이 정체되거나 단조로워지면 학생들은 쉽게 지루함을 느끼고, 그로 인해 집중력이 떨어지고 수업에 대한 몰입도도 낮아질 수 있다. 교사의 설명이 길어지거나 같은 방식의 상호작용과 활동이 반복되면, 학생들은 점점 활력을 잃고 수업의 의미를 제대로 느끼지 못하게 된다. 하지만 수업에 적절한 변화를 주면, 학생들이 다시 집중하고 적극적으로 참여할 수 있는 계기가 된다.

　수업에 변화를 준다는 것은 단순히 분위기를 바꾸는 것이 아니라, 학생들이 수업에 몰입하고 활력을 되찾도록 돕는 것이다. 교사가 상호작용 방식, 발표 방식, 그리고 학생들의 신체적·정신적 상태에 변화를 주는 전략을 활용하면, 학생들의 참여를 자연스럽게 이끌어 내고 학습의 질도 높일 수 있다.

　이 장에서는 학생들의 주의와 흥미를 유지하면서 수업을 활기차게 만들어주는 다양한 변화 전략을 다룬다. 교사가 적절한 시점에 수업의 흐름을 조정하면, 단조로움을 방지할 뿐만 아니라, 학생들이 수업에 몰입하고 적극적으로 참여할 수 있도록 도울 수 있다.

## 21 상호작용 방식에 변화 주기

 설명이 길어지거나 반복적인 활동이 지속되면 학생들은 점점 지루해하고, 수업의 활력도 떨어지게 된다. 학생들이 수업에 몰입하고 적극적으로 참여할 수 있도록 하려면, 상호작용 방식을 적절히 변화시켜야 한다. 특히, 발표를 어려워하는 학생들이 많거나, 수업이 단조롭게 느껴질 때는 새로운 형태의 상호작용을 도입하면 학생들의 참여도를 높일 수 있다.

### 상황
 사회 수업 시간, 양 선생님은 20분 넘게 설명을 이어가고 있다. 학생들은 점점 책상에 몸을 기대거나 기지개를 켜며 피로한 기색을 보인다. 몇몇 학생들은 집중력을 잃고, 교사의 설명이 계속될수록 수업 분위기는 점차 가라앉는다.

 설명이 지나치게 길어지면, 학생들은 피로감을 느끼고 집중력이 떨어진다. 특히, 학생들이 오랫동안 듣기만 하는 구조가 지속되면 수업에 대한 몰입도가 낮아지고, 학습 내용에 대한 흥미도 점점 줄어들 수 있다.

하지만 수업 목표에 따라 설명이 길어질 수밖에 없는 경우도 있다. 이럴 때는 단순한 설명 방식에서 벗어나 학생들이 능동적으로 참여할 수 있는 상호작용을 추가하면 집중력을 회복하는 데 도움이 된다.

### 상황

양 선생님은 학생들에게 질문을 던진다. 하지만 교실은 조용하기만 하다. 아무도 손을 들지 않고, 서로 눈치만 본다. 수업 시간이 되면 학생들은 얼어붙은 듯 발표하기를 주저하고, 교사의 질문에도 적극적으로 반응하지 않는다.

내성적인 학생이 많거나 발표에 대한 부담이 클 경우, 교사의 질문에도 반응이 원활하지 않을 수 있다. 이럴 때 교사가 직접 지목하거나 반복적으로 질문하면 오히려 학생들이 더 위축될 가능성이 크다. 하지만 학생들이 혼자 고민하는 시간이 충분히 주어지고, 짝이나 모둠과 먼저 의견을 나눈다면, 발표에 대한 부담이 줄어들면서 자연스럽게 참여도가 높아질 수 있다.

### 상호작용 방식의 변화

> <생각 - 짝 - 나눔>
> (Think - Pair- Share)
> - 혼자 생각하기(Think)
> - 짝(모둠원)에게 말하기(Pair)
> - 전체 나눔(Share)

Think-Pair-Share(TPS)(Lyman, 1981)는 학생들이 주어진 주제나 개념, 과제에 대해 혼자 생각한 후, 짝과 의견을 나누고, 마지막으로 전체와 공유하는 협력학습 전략이다. 이를 줄여서 TPS라고 부르며, 우리말로 '생각-짝-나눔' 전략이라고도 한다.

수업 중 적절한 시점에 학생들의 상호작용 방식을 바꿔보자. 혼자 생각하는 시간 → 짝과 나누는 과정 → 전체와 공유하는 활동을 거치면서 학생들의 참여도를 높이고, 깊이 있는 학습을 유도할 수 있다. 또한, 의견을 나누는 과정에서 오개념이나 난개념을 발견하고 수정할 기회를 제공하여 효과적인 학습이 가능하다.

### 생각 (Think): 혼자 생각하기

교사가 질문이나 과제를 제시하면, 학생들은 1~3분 동안 짧게 혼자 생각하는 시간을 갖는다. 짝이나 모둠과의 상호작용이 효과적으로 이루어지려면, 개인이 먼저 자기 생각을 충분히 정리하는 과정이 필요하다.

**생각 정리를 돕는 방법**
- 가능하면 자기 생각을 글로 적어보도록 유도하면, 개념을 명확하게 정리하는 데 도움이 된다.
- 키워드나 핵심 문장을 적어두면 이후 의견을 나누거나 발표할 때 수월하게 표현할 수 있다.
- 자신만의 방식으로 정리할 수 있도록 자유로운 형식을 허용하면, 학생들이 부담 없이 사고를 확장할 수 있다.

이 단계에서는 자기 생각을 충분히 정리하는 것이 핵심이며, 이후 짝 활동과 전체 나눔에서 더 깊이 있는 논의로 이어질 수 있도록 준비하는 과정이다.

### 짝 (Pair): 짝 또는 모둠원과 의견 나누기

혼자 생각한 내용을 짝과 공유하거나 소그룹(모둠) 내에서 이야기하는 과정이다. 이 과정에서 학생들은 자기 생각을 표현하고, 상대방의 의견을 들으며 사고를 확장할 기회를 얻게 된다.

**지루함과 심리적 부담 감소**

짝 활동은 여러 가지 장점이 있다. 교사의 설명이 길어질 때, 상호작용의 규모를 줄이면 학생들은 지루함을 덜 느끼고 학습에 몰입할 수 있다. 또한, 작은 규모에서 의견을 나누면 심리적 부담이 줄어들어 더 편안하게 참여할 수 있다. 발표에 대한 부담이 큰 학생들도 짝 활동을 통해 자연스럽게 의견을 나누면서 수업에 적극적으로 참여할 기회를 가질 수 있다.

**이해와 기억 강화 및 토의 활성화**

짝이나 모둠원끼리 상호작용하도록 하면, 학생들은 다양한 관점의 생각을 공유할 수 있으며, 어려운 내용을 자기 언어로 설명하면서 이해를 도울 수도 있다. 또한, 중요한 내용을 기억하게 하거나 학급 전체 토의를 원활하게 하는 데도 효과적이다. 서로의 의견을 듣고 조율하는 과정에서 학습 내용이 더 깊이 있게 정리되며, 수업에 대한 적극적인 참여를 유도할 수 있다.

## 나눔 (Share): 전체 공유하기

짝이나 모둠 활동이 끝난 후에는 전체와 함께 활동 결과를 나누는 과정이 필요하다. 이 과정은 단순히 발표하는 것이 아니라, 소그룹에서 논의한 내용을 점검하고 아이디어를 확장하는 중요한 시간이 된다.

### 짝 활동의 목표 도달도 확인

전체 나눔 시간은 짝 활동이나 모둠 활동이 목표에 잘 도달했는지 확인하는 과정이다. 학생들이 모둠 안에서 충분히 의견을 나누고 생각을 정리했다면, 전체 공유 시간도 의미 있게 실행된다. 발표를 통해 각 모둠의 논의 내용을 점검할 수 있으며, 교사가 학생들의 의견을 정리해 주거나 중요한 내용을 다시 강조하면 학습 효과가 높아진다.

### 아이디어를 모으거나 생각을 확장시키기

전체 나눔 시간은 학생들이 서로의 생각을 모으고, 다양한 관점을 공유하는 과정이기도 하다. 예를 들어, 국어 시간에는 같은 이야기라도 다양한 해석이 가능하다는 점을 나누면서 서로의 의견을 존중하는 태도를 기를 수 있다. 수학 시간에는 하나의 문제를 여러 가지 방법으로 해결하는 과정을 공유하며 논리적으로 사고하는 힘을 키울 수 있다.

### 21. 상호작용 방식에 변화 주기

학생들이 수업에 적극적으로 참여하고 흥미를 느낄 수 있도록, 다양한 상호작용 방식을 활용해 보세요. '생각-짝-나눔'과 같은 전략을 적절히 변형하여 적용하면, 학생들이 자연스럽게 의견을 공유하고, 학습을 더 깊이 있게 실행할 수 있어요.

**성찰 질문**

- 상호작용 방식에 변화를 주어 학생들의 참여를 이끌어 내나요?
- 혼자 생각하기, 짝에게 말하기, 전체 나누기를 적절한 상황에서 활용하나요?

### Tip

**생각-짝-나눔 활용**

Think(생각)-Pair(짝)-Share(나눔) 순서를 꼭 그대로 따를 필요는 없다. 수업의 목적과 상황에 따라 상호작용 방식을 다양하게 변형하여 활용할 수 있다.

**1. Share-Think-Pair**

먼저 전체(Share)와 이야기를 나눈 후, 개인 생각(Think)을 정리하고, 마지막으로 모둠 활동(Pair)을 실행하는 방식이다.

이 방법은 학생들이 과제가 너무 어렵다고 느껴 아이디어를 떠올리기 어려울 때 효과적이다. 먼저 다른 학생들의 의견을 들으며 배경지식을 쌓거나, 새로운 아이디어를 떠올릴 수 있도록 돕기 때문이다.

2. Share-Think-Pair-Think / Think-Pair-Share-Think

Think 단계를 마지막에 한 번 더 추가하여, 학생들이 배운 내용을 스스로 정리할 시간을 주는 방식이다.

이렇게 하면 활동 후 자기 생각을 다시 돌아보면서 배운 내용을 더 깊이 익힐 수 있다.

3. Think-Pair

만약 여러 친구들과 자유롭게 의견을 나누는 것이 목적이라면, 개인적으로 생각하는 시간을 먼저 갖게 한 후, 돌아다니며 다양한 짝을 만나 생각을 공유하도록 유도할 수 있다.

이 방법은 다양한 관점을 접하면서 사고를 확장하는 데 효과적이다.

이처럼 Think-Pair-Share 전략은 고정된 틀이 아니라, 수업의 목적에 따라 유연하게 변형하여 활용할 수 있다.

## 22 짝에게 말하기 (Turn and Talk)

'짝에게 말하기(Turn and Talk)'는 학생들이 짝과 짧은 대화를 나누며 학습 내용을 정리하고 의견을 공유하는 활동이다. 교사가 질문을 제시하면 학생들은 즉각적으로 짝과 의견을 나누면서 사고를 확장하고 표현하는 기회를 얻는다.

'짝에게 말하기(Turn and Talk)'는 '생각-짝-나눔(Think-Pair-Share)'에서 '생각' 단계를 생략한 방식이다. 하지만 반드시 생략해야 하는 것은 아니며, 필요에 따라 개별적으로 생각하는 시간을 포함할 수도 있다.

### 상황

수학 수업 시간, 양 선생님은 학생들에게 어려운 문제를 설명하고 있다. 그러나 학생들은 이해하기 어려워하며, 문제 해결에 어려움을 겪는다. 이에 양 선생님은 여러 번 반복해서 설명하지만, 학생들의 반응은 여전히 시원치 않다.

학생들이 개념 설명을 이해하지 못할 경우, 교사가 반복해서 설명하더라도 여전히 이해하지 못할 수도 있다. 교사의 설명을 듣는 것보다 학생들끼리 직접 이야기하면서 문제를 풀어보는 과정이 개념 이해에 더 효과적일 수 있다.

양 선생님은 중요한 개념을 학생들에게 설명하고 반복해서 강조한다. 그러나 학생들이 내용을 기억하고 활용하는 데에는 여전히 어려움을 느낀다.

학생들이 새로운 개념을 단순히 듣는 것만으로는 장기 기억으로 전환되기 어렵다. 따라서 배운 내용을 자기 말로 정리해보거나, 다른 학생에게 설명하는 과정이 필요하다. 이를 통해 학생들은 학습 내용을 확실히 익히고, 기억할 가능성이 높아진다.

'생각-짝-나눔'이 심층적인 사고가 필요한 질문에 적합하다면, '짝에게 말하기'는 간단한 개념을 빠르게 점검하고 이해도를 높이는 데 유용하다. 학생들이 자기 언어로 설명하며 학습 내용을 내면화할 수 있도록, 수업 상황에 맞게 유연하게 활용할 수 있다.

**짝에게 말하기 활용 방법**

- 내 말로 바꿔 말하기(retell)
- 수업 상황에 맞춰 '짝에게 말하기' 활용하기

짝에게 말하기는 특별한 준비 없이도 수업 시간에 바로 활용할 수 있다는 점에서 매우 유용한 전략이다. 이 활동은 쉬울 뿐만 아니라 학생들의 수업 참여도를 높이고, 정보를 능동적으로 처리하도록 도와 기억에도 효과적이기 때문에 학습 효과를 크게 향상시킨다.

### 내 말로 바꿔 말하기(retell)

우리가 무언가를 배울 때, 배운 내용을 반복하는 것만으로도 도움이 된다. 마치 녹음기를 재생하듯이 똑같이 따라 하면, 머릿속에서 내용을 다시 꺼내 보는 인출 효과가 발생하기 때문이다. 하지만 단순히 따라 하는 것보다 더 효과적인 방법이 있다. 바로 배운 내용을 '내 말'로 바꾸어 설명하는 것이다.

내 말로 설명하려면 먼저 내용을 정확히 이해해야 한다. 단순히 글자를 읽는 것이 아니라, 그 의미가 무엇인지, 왜 중요한 개념인지 깊이 생각하는 과정이 필요하다. 그런 다음, 내용을 논리적으로 분석하여 핵심 개념과 세부 내용을 구분하고, 각 요소가 어떻게 연결되는지를 살펴보는 과정이 필요하다. 마지막으로, 이해한 내용을 자기 언어로 정리하여 표현하는 과정을 거치게 된다.

이렇게 이해하고, 분석하고, 내 스타일로 바꾸어 말하는 과정을 거치면, 우리는 정보를 '능동적'으로 사용하게 된다. 이는 마치 직접 길을 찾아가는 과정과 같다.

처음 가는 길을 누군가의 설명을 듣거나 네비게이션을 따라가며 가면, 그 순간에는 길을 아는 것처럼 느껴지지만 막상 혼자 다시 가려고 하면 쉽게 잊어버리기 마련이다. 반면, 스스로 지도를 보며 길을 찾아가거나 직접 운전하면서 가본 길은 훨씬 오래 기억에 남는다.

학습도 마찬가지다. 남이 설명해주는 내용을 듣는 것만으로는 개념이

머릿속에 오래 남지 않는다. 하지만 배운 내용을 자기 말로 정리하고 직접 설명하는 과정은 마치 지도를 보며 길을 찾고, 방향을 익히는 것과 같다. 이런 경험을 거치면 필요할 때 쉽게 떠올릴 수 있도록 개념이 머릿속에 명확하게 자리 잡는다.

## 수업 상황에 맞춰 '짝에게 말하기' 활용하기

짝에게 말하기(Turn and Talk)는 효과적인 학습 방법이지만, 모든 상황에 적절한 것은 아니다. 적절한 상황에서 활용해야 학습 효과를 높일 수 있다. 다음은 짝에게 말하기를 효과적으로 활용할 수 있는 네 가지 상황이다.

### 1. 교사의 설명이 너무 길어질 때

양 선생님의 예시처럼 설명이 길어지면 학생들은 쉽게 지루해질 수 있다. 이럴 때는 설명을 잠시 멈추고, 지금까지 배운 내용을 짝과 이야기해보도록 유도하는 것이 좋다. 이때 중요한 개념이나 핵심 단어를 제시하면 학생들이 대화하는 데 도움이 된다. 간단한 대화만으로도 학생들의 집중력을 다시 끌어올릴 수 있다.

### 2. 기억을 위해 반복 학습이 필요할 때

배운 내용을 완전히 자기 것으로 만들려면 복습이 필수적이다. 하지만 수업 시간은 진도를 나가기에도 부족해 충분한 복습 시간을 확보하기 어렵다. 이럴 때 짝과 함께 배운 내용을 서로 설명하는 활동을 하면, 짧은 시간에도 높은 복습 효과를 기대할 수 있다.

### 3. 다양한 오답을 정리하고 의견을 좁힐 때

학생들이 서로 다른 오답을 냈을 때, 교사가 정답만 알려주는 것은 학습에 효과적이지 않다. 단순히 정답을 듣는 것만으로는 왜 틀렸는지, 어떤 부분에서 실수가 있었는지를 깊이 이해하기 어렵기 때문이다. 또한, 정답을 바로 알려주면 학생들이 스스로 생각해 볼 기회를 잃어버리고, 비슷한 문제에서 같은 실수를 반복할 가능성이 높아진다.

이럴 때는 짝 및 모둠 토의를 실행하여 학생들이 서로의 생각을 공유하고, 자기 오류를 스스로 발견할 수 있도록 돕는 것이 좋다. 친구들과 의견을 나누면서 자신이 어떤 부분에서 틀렸는지를 직접 찾아내게 되면, 같은 실수를 줄이고 개념을 더 깊이 이해할 수 있다. 또한, 다른 친구들의 해결 방법을 들으면서 문제를 풀 수 있는 다양한 접근 방식을 배울 수도 있다.

### 4. 교사의 설명을 학생들이 잘 이해하지 못할 때

양 선생님의 수학 수업처럼, 어려운 내용을 설명했는데 학생들이 어려워하는 경우가 있다. 학생들이 수업 내용을 이해하지 못하는 데에는 여러 가지 이유가 있다. 교사가 설명하는 방식, 학생의 학습 속도, 집중력의 변화, 그리고 선행 지식의 부족 등이 영향을 미칠 수 있다.

학생이 수업 내용을 제대로 이해하지 못할 경우 교사가 다시 한번 설명해 줄 수도 있지만, 학생들이 서로 가르치고 배우도록 하는 것이 더 효과적일 수 있다. 학생들은 자기 눈높이에서 친구의 설명을 듣기 때문에, 교사의 설명보다 훨씬 쉽게 내용을 이해하고 자기 것으로 만들 수 있다.

학생이 수업 내용을 이해하지 못하는 이유

| 설명이 어려울 때 | 학습 속도의 차이 |
|---|---|
| 교사의 설명이 추상적이거나, 용어 사용이 너무 전문적이었을 수 있다. | 모든 학생이 같은 속도로 학습하는 것은 아니다. 어떤 학생들은 빠르게 이해하지만, 어떤 학생들은 더 많은 시간과 반복적인 설명이 필요하다. |
| 집중력 저하 | 선행 지식 부족 |
| 수업 시간 내내 모든 학생이 집중하기란 쉽지 않다. 순간적으로 집중력을 잃으면 중요한 내용을 놓칠 수 있다. | 새로운 개념을 이해하려면 관련된 기초 지식이 필요하다. 만약 학생들이 선행 지식을 충분히 갖추지 못한 상태라면, 아무리 설명을 들어도 내용을 이해하기 어려울 수 있다. |

## 22. 짝에게 말하기

학생들이 학습 내용을 더 잘 이해하고 기억할 수 있도록, '짝에게 말하기'를 활용해 보세요. 짝과 질문이나 설명을 주고받으며 자기 언어로 표현하는 과정은 학습 효과를 높이고 참여도를 향상시켜요.

### 성찰 질문

- 내 말로 바꿔 말하기, 그대로 반복하여 말하기를 적절히 활용하나요?
- 수업 상황에 맞는 '짝에게 말하기'를 활용하나요?

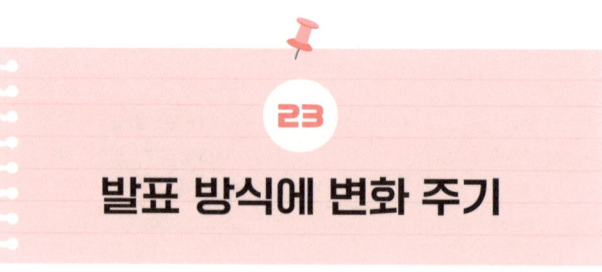

## 발표 방식에 변화 주기

학생들이 적극적으로 참여하고 자기 생각을 효과적으로 표현할 수 있도록 하려면, 발표 방식을 다양하게 활용하는 것이 중요하다. 손들어 발표하기, 무작위 발표, 번개 발표 등 여러 방식을 적절히 조합하면 일부 학생에게만 발표 기회가 집중되는 것을 방지하고, 더 많은 학생이 골고루 참여할 수 있다. 또한, 발표 방식에 대한 기준을 명확히 하고, 수업 상황에 맞게 유연하게 조정하면 발표의 효과를 높일 수 있다.

### 상황

최 선생님은 학생들이 충분히 생각한 후 발표하도록 하고 싶지만, 질문을 하자마자 한 학생이 바로 답을 말해버린다.

이 상황에서는 발표 방식에 대한 명확한 안내가 부족하여, 일부 학생만 발표 기회를 얻고 나머지 학생들은 충분한 사고 시간을 갖지 못하게 된다. 언제 기다려야 하고, 언제 바로 발표해야 하는지에 대한 기준을 명확히 정하는 것이 필요하다.

양 선생님은 많은 학생이 발표에 적극적으로 참여하기를 바라지만, 손을 드는 학생이 매번 같은 친구들이다.

손을 든 학생을 지명하는 방식은 발표 기회를 공정하게 제공하는 데 한계가 있다. 일부 학생들만 지속적으로 발표하게 되어, 다른 학생들은 소극적으로 변하거나 발표에 대한 부담을 느낄 수 있다. 발표 방식을 다양화하여 모든 학생이 발표할 기회를 가질 수 있도록 조정할 필요가 있다.

추 선생님은 발표를 원하는 모든 학생에게 기회를 주고 싶어 한다. 학생들이 손을 들면 한 명씩 차례로 발표하도록 했다. 그러나 시간이 지남에 따라 발표 시간이 길어지고, 모든 학생이 발표할 때까지 기다려야 하다 보니 정작 수업의 핵심 내용을 충분히 다루지 못하는 문제가 발생한다.

모든 학생이 발표할 기회를 가지는 것은 긍정적인 요소지만, 수업 시간이 한정적이므로 중요한 내용을 충분히 다룰 수 있도록 발표 방식을 조정하는 것이 필요하다. 효율적인 발표 방식을 도입하면, 학생들이 자기 생각을 표현하는 기회를 얻는 동시에 수업의 흐름도 원활하게 유지할 수 있다.

발표는 학생들의 사고를 표현하는 중요한 방법이며, 효과적인 수업 운영을 위해 발표 방식을 상황에 맞게 조정하는 것이 필요하다.

### 발표 방식에 변화 주는 방법

> - 손을 들고 말해야 할 때와 자유롭게 말할 때 구별하기
> - 수업 목표에 맞는 발표 방식 활용하기
> - 다양한 표현방식 활용하기

효과적인 발표는 수업을 풍성하고 역동적으로 만들어 준다. 앞선 사례들에서 드러난 문제점을 해결하고, 효과적인 수업을 하기 위해서는 다양한 발표 방식을 이해하고 적절하게 활용해야 한다.

### 손을 들고 말할 때와 자유롭게 말할 때 구별하기

최 선생님의 사례처럼 발표 방식이 명확하지 않으면 수업이 원활히 실행되지 않을 수 있다. 학생들이 언제 손을 들어 발표해야 하고, 언제 자유롭게 의견을 말해도 되는지 미리 정해두면 불필요한 혼란을 줄일 수 있다.

**방법 1 : 질문하기 전에 발표 방식을 안내하기**
- "이제 손을 들어 발표할 거예요." → 손을 들어 발표하기
- 아무 말 없이 질문하기 → 자유롭게 말하기

**방법 2 : 교사의 손 동작을 활용하기**
- 교사가 손을 들고 질문하면 학생들도 손을 들어 발표하기
- 교사가 손을 들지 않고 질문하면 자유롭게 답하기

### 수업 목표에 맞는 발표 방식 활용하기

발표 방식은 수업 목표와 학생들의 상황에 따라 적절히 조정해야 한다. 대표적인 발표 방식과 활용 목적을 정리하면 다음과 같다.

**발표 방식별 특징과 활용 방법**

| 발표 방식 | 실행 방법 | 활용 목적 | 장점 | 단점 |
|---|---|---|---|---|
| 거수 발표 | 손을 든 학생 중 교사가 발표자를 지명 | 발표 준비가 된 학생을 발표하게 할 때 | 준비된 학생이 발표하여 안정적 | 일부 학생만 반복적으로 발표 가능 |
| 무작위 발표 | 교사가 랜덤으로 발표자를 선정 (스틱, 추첨 프로그램 활용) | 모든 학생의 참여를 유도 할 때 | 모든 학생이 발표 준비를 하게 됨 | 예측 불가능하여 부담을 느낄 수 있음 |
| 지명 발표 | 교사가 특정 학생을 미리 선정하여 발표하도록 함 | 핵심 개념을 강조하거나 오류 수정이 필요할 때 | 교사의 의도에 따라 발표를 조정할 수 있음 | 특정 학생에게 발표가 집중될 가능성이 있음 |
| 다 함께 발표 | 모든 학생이 동시에 답하거나 의견을 표현 | 쉬운 내용을 빠르게 복습 할 때 | 시간 절약, 전반적인 이해도 확인 가능 | 일부 학생이 참여하지 않을 가능성이 있음 |
| 번개 발표 | 여러 학생이 짧은 의견을 빠르게 발표 (패스 가능) | 다양한 의견을 빠르게 모으고 싶을 때 | 많은 학생의 생각을 들을 수 있음 | 실행 속도가 조절되지 않으면 시간이 오래 걸릴 수 있음. |
| 다시 말하기 발표 | 앞 사람의 의견을 요약하거나 보충, 반대 의견 제시 | 토론을 심화할 때, 중요한 개념을 반복할 때 | 논의를 깊이 있게 확장 가능 | 시간이 오래 걸릴 수 있음 |

### 다양한 표현 방식 활용하기

발표는 단순히 말로 설명하는 것만이 아니라, 글쓰기, 그림 그리기, 신체 활동 등을 활용하면 더 효과적이다. 다양한 표현 방식을 활용하면 학생들이 발표에 흥미를 느끼고, 보다 적극적으로 참여할 수 있다.

**1) 말하기**
- 구두 발표: 학생이 말로 내용을 설명하거나 자기 의견을 전달
- 질문과 답변: 발표 후 질의응답 시간을 갖거나, 발표 중간에 질문을 던져 학생들의 참여 유도

**2) 쓰기 및 시각 자료 활용**
- 개인 화이트보드 활용: 학생들이 답변을 적어 교사에게 보여줌으로써 즉각적인 피드백 제공
- 마인드맵 활용: 생각을 정리하여 개념 간의 연결을 시각적으로 표현
- 그림 그리기: 핵심 개념을 그림으로 설명하여 이해도를 높임
- 그래프 및 도표 활용: 통계 자료나 분석 결과를 시각적으로 표현

**3) 신체 활동 활용**
- 허공에 글씨 쓰기: 중요한 내용을 손으로 허공에 써보며 기억을 강화
- O/X 표시하기: 질문에 대한 답을 손으로 O 또는 X로 표현
- 손을 이용한 동의/반대 표시: 특정 의견에 동의하거나 반대할 때 손을 들어 의사를 표현

**23. 발표 방식에 변화 주기**

학생들의 적극적인 참여를 이끌어내기 위해 발표 방식을 상황에 맞게 다양하게 활용해 보아요. 손을 들고 발표할 때와 자유롭게 말할 때의 기준을 명확히 정하고, 무작위 발표, 번개 발표 등 다양한 방식을 조합하면 모든 학생이 고르게 참여할 기회를 가질 수 있어요. 또한, 말하기뿐만 아니라 쓰기, 그리기, 몸짓 등 다양한 표현 방법을 활용하면 학생들의 흥미와 집중도를 높일 수 있어요.

**성찰 질문**

- 손을 들고 말해야 할 때와 자유롭게 말할 때를 구별하나요?
- 수업 목표에 맞는 발표 방식을 활용하나요?
- 다양한 표현 방식을 활용하나요?

## 24 학생 상태에 변화 주기

수업 중 학생들이 지루해하거나 피로로 인해 집중력이 떨어지는 경우가 많다. 이러한 상태에서는 단순히 "집중하세요"라는 말만으로는 분위기를 바꾸기 어렵다. 학생들이 학습에 몰입할 수 있도록 호흡, 신체 활동, 짧은 게임 등의 방법을 활용해 신체적·정신적 상태를 전환하는 것이 필요하다. 짧고 간단한 활동을 통해 학습 흐름을 방해하지 않으면서도 학생들이 다시 집중할 수 있도록 돕는 것이 중요하다.

**상황 1**

양 선생님은 중요한 개념을 설명하고 있지만, 학생들의 자세가 점점 흐트러지고 하품하며 시계를 쳐다보는 모습이 보인다. "이 부분은 정말 중요한 내용이니까 집중해야 해요."라고 말해보지만, 학생들의 반응은 크게 달라지지 않는다. 분위기를 바꾸지 않으면 학습 효과가 떨어질 것이 뻔한 상황이다.

학생들이 집중력이 떨어질 때 나타나는 대표적인 행동은 자세가 흐트러지거나, 하품하거나, 시계를 자주 확인하는 것이다. 이런 상태에서는 학생들의 주의가 학습에서 멀어지고 있기 때문에, 단순히 집중하라고 요구하는 것만으로는 해결되지 않는다. 학생들의 신체적, 정신적 상태를 바꾸어 학습에 적합한 컨디션으로 전환하는 것이 필요하다.

**상황 2**

월요일 아침, 점심 식사 후, 연휴가 끝난 직후 등 학생들이 피로한 상태일 때, 양 선생님은 분위기를 전환하기 위해 놀이를 실행했다. 학생들은 활기차게 참여했지만, 놀이가 끝난 후 다시 수업을 실행하려 하자 "선생님, 놀이 더 하면 안 돼요?"라는 반응이 나왔다. 수업으로 돌아가는 과정이 어려워졌다.

놀이를 활용하면 학생들의 참여도가 높아지고 분위기를 전환할 수 있지만, 놀이를 '수업과 별개의 활동'으로 인식하면 오히려 다시 집중하는 것이 어려워질 수 있다. 학생들이 수업 흐름과 단절된 놀이를 즐기다가 다시 학습 모드로 돌아가는 것이 힘들어지는 것이다. 따라서 단순한 놀이가 아니라, 학습과 연결된 활동을 활용하여 학생들이 자연스럽게 수업에 다시 몰입할 수 있도록 해야 한다.

이러한 문제를 해결하려면 학생들의 신체, 감정, 그리고 사고에 변화를 주는 방식으로 자연스럽게 수업에 몰입할 수 있도록 도와야 한다.

**학생 상태 변화 주는 방법**

- 호흡을 이용한 집중력 회복
- 신체를 이용한 에너지 활성화
- 자신만의 상태 변화법 만들기

수업 중 학생들의 집중력이 저하되었을 때, 짧고 간단한 활동을 통해 신체와 감정을 전환하면 학습에 몰입할 수 있다. 이러한 활동은 3~5분 이내로 짧게 실행하는 것이 좋으며, 별다른 준비 없이 바로 실행할 수 있는 것이 효과적이다. 또한, 활동 후 자연스럽게 수업으로 이어질 수 있도록 구성해야 한다.

호흡을 활용한 활동은 학생들이 지나치게 산만하거나 에너지가 높을 때 차분한 상태로 전환하는 데 효과적이며, 신체 활동은 반대로 에너지가 부족할 때 집중력을 높이는 데 도움을 준다.

**호흡을 이용한 집중력 회복**

호흡을 조절하면 학생들이 스스로 감정을 가라앉히고, 차분하게 수업에 집중할 수 있도록 돕는다. 단순한 호흡 활동은 지루할 수 있기 때문에, 움직임이나 도구를 활용하면 몰입도를 높일 수 있다.

**두드리며 호흡하기**
- 천천히 호흡하면서 손가락으로 신체를 두드린다.
- 정수리 → 관자놀이 → 광대 → 인중과 턱 → 가슴 순으로 두드린다.
- 두드리는 감각을 느끼면서 호흡에 집중한다.

### 소리를 들으며 호흡하기

- 편안한 자세로 앉아 눈을 감는다.
- 맑고 청명한 종(싱잉볼, 티베트볼, 명상 종 등)을 길게 울린다.
- 소리가 사라졌다고 느껴질 때 조용히 자기 어깨에 손을 올린다.


### 신체를 이용한 에너지 활성화

신체 활동을 하면 혈액순환이 촉진되고, 뇌로 가는 산소 공급이 원활해져 집중력을 회복하는 데 도움이 된다.

### 1) 박수치기

박수치기는 간단하지만 매우 효과적인 활동이다. 짧은 박수만으로도 손바닥과 손가락을 자극해 혈액순환이 촉진되어 뇌에 산소를 공급하여 집중력 회복에 도움이 된다. 또한, 박수를 통해 에너지를 발산하고 지루한 분위기에 활력을 불어넣을 수 있다.

| | | | | | | | |
|---|---|---|---|---|---|---|---|
| 박수 한 번 | 짝 | | | | | | |
| 박수 두 번 | 짝 | 짝 | | | | | |
| 박수 세 번 | 짝짝짝 | | | | | | |
| 박수 네 번 | 짝 | 짝짝짝 | | | | | |
| 박수 다섯 번 | 짝 | 짝 | 짝짝짝 | | | | |
| 박수 여섯 번 | 짝 | 짝 | 짝짝짝 | 짝 | | | |
| 박수 일곱 번 | 짝 | 짝 | 짝짝짝 | 짝 | 짝 | | |
| 박수 여덟 번 | 짝 | 짝 | 짝짝짝 | 짝짝짝 | | | |
| 박수 아홉 번 | 짝 | 짝 | 짝짝짝 | 짝 | 짝짝짝 | | |
| 박수 열 번 | 짝 | 짝 | 짝짝짝 | 짝 | 짝 | 짝짝짝 | |

• 리듬이 있는 박수치기

단순한 박수보다 리듬이 있는 박수를 치면 흥미를 유발할 수 있다.

박수 한 번과 두 번은 기본 박자에 맞춰 친다. 하지만 박수 세 번부터는 한 박자에 세 번을 치는 방식으로 변형하여 실행한다. 이러한 변형된 박수는 학생들이 짧은 시간 안에 집중하도록 돕는다. 처음에는 순서대로 박수를 치며 익숙해지도록 하고, 이후에는 무작위로 박수를 치게 하여 난이도를 높이면 효과적이다.

• 빠르게 박수 치기

박수를 10번, 20번, 30번씩 최대한 빠르게 친다.
누가 가장 빠르게 치는지 경쟁해본다.

• 박수 따라 하기
- 박수, 무릎 치기, 책상 치기 등 세 가지 동작을 조합해 교사가 먼저 박수를 치면 학생들이 따라 한다.

**2) 가벼운 신체 활동**

• 팔꿈치 스트레칭

팔꿈치를 앞으로, 위로, 뒤로, 원을 그리며 돌려가며 움직인다. (각 10초)

• 귀 스트레칭
    - 귀를 손으로 마사지한다. (10초)
    - 귀를 반으로 접고, 위쪽으로 다시 접은 후 아래로 접는다. (각 10초)

- 손바닥을 비벼 따뜻하게 만든 후 귀를 감싸 마사지한다. (10초)

• 손가락 바꾸기
- 한 손은 엄지만 펴고, 다른 손은 새끼손가락만 편다.
- 손가락을 빠르게 바꾸면서 조절한다.
- 왼손은 삼각형, 오른손은 사각형을 그리는 등의 활동을 추가할 수 있다.

• 눈치 게임
- 모든 학생이 일어서서 시작 신호에 맞춰 1부터 숫자를 외치며 차례로 앉는다.
- 동시에 여러 명이 숫자를 외치면 처음부터 다시 한다.
- 마지막까지 겹치지 않고 실행되면 성공한다.

### 자신만의 상태 변화법 만들기

교사는 자신이 즐겨 사용하는 체조, 요가, 명상 등의 방법을 활용하여 학생들이 집중력을 되찾을 수 있도록 도울 수 있다. 이를 통해 학생들이 스스로 학습에 몰입하는 습관을 기를 수 있다.

### 24. 학생 상태에 변화 주기

학생들이 지루해하거나 집중력이 떨어질 때는 호흡, 신체 활동, 짧은 게임 등을 활용하여 신체와 감정을 전환해 학습에 몰입할 수 있도록 도울 수 있어요. 3~5분 내의 간단한 활동을 통해 수업의 흐름을 유지하고, 학생들이 자연스럽게 집중력을 되찾을 수 있도록 유도해 보아요.

### 성찰 질문

- 수업 중 학생들의 집중도 및 컨디션 등 상태 변화에 주의를 기울이나요?
- 자신만의 상태 변화법을 갖고 활용하나요?

## 생각해 보기

다음 표를 보며 문제 예방 및 학습 참여를 촉진하기 위해 내가 하고 있는 것을 살펴보세요.

| 전략 | 체크할 내용 | 체크 |
|---|---|---|
| 21 상호 작용 방식에 변화 주기 | 상호작용 방식에 변화를 주어 학생들의 참여를 이끌어 내나요? | |
| | 혼자 생각하기, 짝에게 말하기, 전체 나누기를 적절한 상황에서 활용하나요? | |
| 22 짝에게 말하기 | 내 말로 바꿔 말하기를 적절히 활용하나요? | |
| | 수업 상황에 맞는 '짝에게 말하기'를 활용하나요? | |
| 23 발표 방식에 변화 주기 | 손을 들고 말해야 할 때와 자유롭게 말할 때를 구별하나요? | |
| | 수업 목표에 맞는 발표 방식을 활용하나요? | |
| | 다양한 표현 방식을 활용하나요? | |
| 24 학생 상태에 변화 주기 | 수업 중 학생들의 집중도 및 컨디션 등 상태 변화에 주의를 기울이나요? | |
| | 자신만의 상태 변화법을 갖고 활용하나요? | |

### 성찰 질문

- 잘하고 있는 점과 개선하고 싶은 점은 무엇인가요?
- 제시된 전략 이외에 더할 수 있는 것은 무엇인가요?

# 3부

# 주도성을 살리는 상호작용 촉진하기

교실에서의 학습은 단순히 교사가 정보를 전달하고 학생이 받아들이는 과정에서 끝나지 않는다. 진정한 학습은 학생들이 서로의 생각을 공유하고 협력하며 깊이 있는 이해에 도달하는 과정에서 이루어진다. 특히, 교사가 학생들 간의 상호작용을 효과적으로 촉진할 수 있다면, 학생들은 학습 과정에서 능동적으로 참여하고 주도성을 키울 수 있다.

'주도성을 살리는 상호작용 촉진하기'에서는 학급 전체 및 모둠 활동 속에서 학생들이 적극적으로 소통하고 협력하며 학습의 주체로 성장할 수 있도록 돕는 다양한 전략을 소개한다. 교사는 상호작용의 방향을 주도적으로 설정하되, 학생들이 자유롭게 의견을 표현하고 서로의 생각을 경청할 수 있는 환경을 조성해야 한다. 이를 통해 학생들은 협력과 토론을 바탕으로 학습의 깊이를 더해가며, 단순한 과제 수행을 넘어 문제 해결력과 자신감을 키우게 된다.

### 3부의 특징과 목적

3부에서는 학생들의 학습 주도성을 강화하고, 교실 내에서 효과적인 상호작용을 유도하는 실질적인 방법들을 다룬다. 교사의 역할은 단순한 실행자가 아니라, 학생들이 상호 존중과 협력의 가치를 배우고 능동적으로 학습에 참여하도록 이끄는 촉진자가 되는 것이다. 학생들은 단순히 듣고 답하는 것이 아니라, 서로 배우고 생각을 확장하는 과정 속에서 학습의 의미를 깊이 내재화할 수 있다.

이제, 교실 속에서 학생들의 소통과 협력을 증진하고 학습 주도성을 길러줄 수 있는 구체적인 전략들을 살펴보자.

# 1장
# 전체 학급 토론 활성화하기

　학생들이 서로의 생각을 주고받으며 논의를 통해 학습을 심화하고 주도적으로 사고를 확장하는 과정이 이루어질 때, 학습은 의미 있게 된다. 그러나 현실적으로 학급 내 대화와 토론은 제한적일 때가 많으며, 교사가 일방적으로 주도하는 방식이 반복되면 학생들은 스스로 사고하고 표현하는 기회를 충분히 얻기 어렵다.

　학생들이 능동적으로 참여하는 학습 환경을 조성하려면, 교사는 상호작용을 촉진하는 구체적인 전략을 활용해야 한다. 예를 들어, 교사의 질문이 학생들의 사고를 유도하고 충분한 사고 시간을 제공하면, 학생들은 스스로 답을 찾는 과정에서 논리적으로 사고하는 힘을 기를 수 있다. 또한, 학생들 간의 대화를 연결해 논의를 심화시키면, 자연스럽게 다양한 의견을 듣고 조율하는 능력을 배울 수 있다. 이를 통해 학생들은 단순히 교사의 설명을 듣는 것이 아니라, 자기 의견을 표현하고 동료의 아이디어를 경청하며 학습 과정에 능동적으로 참여할 수 있다.

　이 장에서는 전체 학급이 활발하게 소통하며 학습을 심화할 수 있도록 돕는 다양한 방법을 다룬다. 교사가 적절한 도구와 전략을 활용하면, 학생들은 보다 적극적으로 참여하고 서로의 생각을 공유하며 논의를 확장할 수 있다. 이를 통해 학습은 단순한 정보 전달을 넘어 협력적이고 깊이 있는 과정으로 발전하게 된다.

이제, 학급 전체의 상호작용을 활성화하고 학생들이 자유롭게 의견을 나누며 사고의 폭을 넓힐 수 있도록 돕는 실질적인 방법들을 살펴보자.

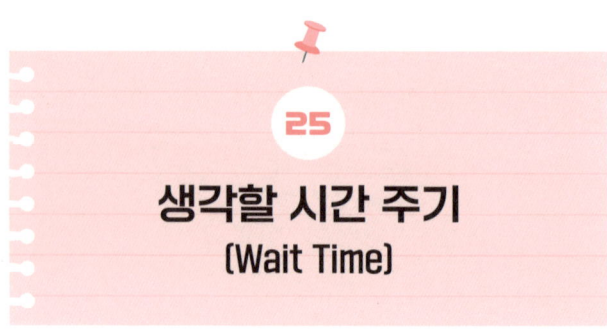

## 생각할 시간 주기
### (Wait Time)

학생들에게 질문 후 충분한 시간을 주는 것은 그들의 사고를 깊이 있게 확장시키고, 더 나은 답변을 이끌어내는 중요한 교수 전략이다. 하지만 교사들은 종종 침묵을 인내하기 어려워한다.

**상황**

"일본이 항복하고 해방을 맞이한 후에 어떤 모스크바 3상 회의에서는 이것이 결정됩니다. 이것은 뭘까요?.... (1초 후 학생 답이 없자) 신탁통치안입니다. 신탁통치안이 결정됨에 따라 우리나라는 신탁통치안에 대해 찬성과 반대로 갈라지며 극심한 갈등을 겪습니다. 이 과정에서 끝까지 남북한 단일 정부를 설립하고자 하는 염원에서 김구 선생님은 방북을 앞두고 이것을 발표합니다. 이것은 무엇일까요?.... (1초 후 학생 답이 없자) '삼천만 동포에게 읍고함'입니다.

교사가 질문을 던지자마자 학생들의 반응을 기다리지 않고 즉시 답을 말해버리면, 학생들은 생각할 기회를 놓치고 수업이 단순한 정보 전달로 끝날 가능성이 크다. 위 사례에서도 교사는 질문을 한 후 단 1초만 기다리고, 학생들의 대답이 없자 곧바로 정답을 제시했다. 이는 학생들이 스스로 답을 떠올리고 정리할 시간을 갖기도 전에 정답을 듣게 만들어, 사고의 과정이 단절되는 결과를 초래한다.

학생들은 질문을 들은 후 개념을 떠올리고, 기억 속에서 정보를 찾으며, 답을 정리하는 시간이 필요하다. 교사가 이 시간을 충분히 보장하지 않으면, 학생들은 능동적으로 사고하기보다 정답을 듣고 받아 적는 데 익숙해질 수 있다. 반면, 교사가 질문 후 3초 이상 기다리기만 해도 학생들은 스스로 답을 찾아 말하려는 경향이 커지고, 질문을 더 깊이 고민하거나 답변을 비교하고 추론하는 능력이 향상된다.

이러한 '생각할 시간 주기'는 대기시간(Wait Time)이라고도 하며, 교사가 의식적으로 연습해야 하는 중요한 교수 기술이다. 단순히 알고 있다고 해서 자연스럽게 실천되는 것이 아니므로, 꾸준한 훈련과 실천이 필요하다. 대기시간을 충분히 제공하면 학생들은 자기 생각을 정리하는 기회를 얻고, 수업에 더 적극적으로 참여할 수 있게 된다.

### 생각할 시간을 주는 방법

- 바로 답변하지 않고 기다리게 하기
- 생각하는 시간임을 알리기
- 질문의 난이도에 따라 생각할 시간 주기
- 어려운 질문일 경우 답변을 연습할 기회 주기
- 학생의 답변 후에 생각할 시간 주기

### 바로 답변하지 않고 기다리기(대기 시간 1)

학생마다 답변을 떠올리는 속도가 다르기 때문에, 충분한 대기시간을 제공하면 더 많은 학생이 참여할 수 있다. 즉각적으로 답할 수 있는 학생이 있더라도 곧바로 발표하지 않도록 하고, 손을 드는 것조차 잠시 기다리게 하여 더 많은 친구가 생각할 기회를 가질 수 있도록 해야 한다.

### 생각하는 시간임을 명확히 알리기

교사가 질문을 한 후 별다른 안내 없이 기다리면, 일부 학생들은 질문을 깊이 고민하지 않고 단순히 시간이 지나길 기다릴 수도 있다. 따라서 생각하는 시간임을 분명히 알리는 것이 중요하다.

"지금은 답변을 고민하는 시간이에요."

"생각이 빠른 친구도, 시간이 조금 더 필요한 친구도 함께 참여할 수 있도록 생각할 시간을 주고 있어요."

### 질문의 난이도에 따라 생각할 시간 조절하기

질문의 난이도에 따라 적절한 대기시간을 제공하는 것이 중요하다.

- 단순 회상 질문 : 1~3초
- 짧은 사고가 필요한 질문 : 5~10초
- 깊이 있는 사고가 필요한 질문 : 15초 이상

### 어려운 질문일 경우 답변을 연습할 기회 제공하기

학생들이 답하기 어려워하는 질문이나 과제일 경우, 답변을 준비할 수 있는 연습 시간을 주면 참여도를 높일 수 있다.

- 발표 전에 내용을 적어보기: 글로 정리하면 생각이 정리되어 발표가 더 쉬워진다.
- 혼자 연습할 시간 주기: 학생이 스스로 연습해 볼 시간을 주면 답변에 대한 자신감을 가질 수 있다.
- 짝과 연습할 시간 갖기: 짝과 토론하며 아이디어를 정리하면 답변의 질이 높아지고 발표에 대한 긴장감도 줄일 수 있다.

### 학생 답변 후에도 생각할 시간 제공하기(대기 시간 2)

학생이 답변한 후에도 잠시 기다리면, 답변을 한 학생은 자기 의견을 보완하거나 수정할 기회를 가질 수 있고, 다른 학생들은 추가 질문이나 의견을 제시하며 자연스럽게 상호작용할 수 있다. 이 과정에서 교사가 적절한 피드백을 주거나 학생들의 논의를 촉진하는 역할을 하면 효과적이다.

이처럼 생각할 시간을 충분히 제공하면 학생들은 더 깊이 사고하고, 수업에 적극적으로 참여하며, 서로의 의견을 경청하는 태도를 기를 수 있다.

### 25. 생각할 시간 주기

학생들이 질문을 깊이 고민하고 자신 있게 답할 수 있도록 충분한 대기 시간을 제공하세요. 질문의 난이도에 따라 적절한 시간을 배분하고, 어려운 질문의 경우 혼자 연습하거나 짝과 의견을 나누는 기회를 주면 발표에 대한 부담을 줄이고 참여도를 높일 수 있습니다.

### 성찰 질문

- 질문 후, 충분한 시간을 두고 학생들이 스스로 생각할 수 있도록 기다리나요? (대기시간 1, 2)
- 질문의 난이도에 따라 적절한 대기시간을 주나요?
- 어려운 질문의 경우, 학생들이 답변을 연습할 기회를 주나요?

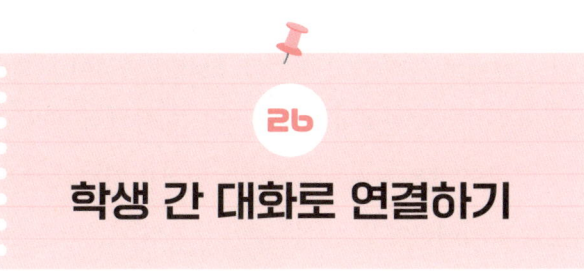

# 학생 간 대화로 연결하기

학생들에게 발언 기회를 균형 있게 제공하고, 친구의 의견에 반응하도록 이끌어 상호작용을 활성화하는 것은 학급 내 깊이 있는 논의를 형성하는 데 중요한 역할을 한다. 교사는 논의의 발판을 마련하고, 학생들이 서로의 말을 경청하며 의견을 보완하거나 찬반을 제시하도록 도와야 한다.

**상황 1**

학급 토론이 실행되고 있다. 연석이가 자기 생각을 발표했다. 논의를 깊게 이어갈 기회였다. 교사는 지혁이에게 물었다.

"연석이의 의견에 대해 어떻게 생각하나요?"

그러나 지혁이는 눈만 멀뚱멀뚱 뜨고 있다. 지혁이는 연석이의 말을 듣지 않았다.

학생들 간의 토론이 원활하게 이루어지려면 상대방의 말을 경청하는 태도가 필수적이다. 친구가 발표한 내용을 제대로 듣지 못하면 논의를 깊이 있게 이어가기 어렵다. 그러나 많은 학생이 겉으로는 듣는 척하지만 실제로는 집중하지 않는 경우가 있다.

지혁이의 상황이 바로 그러했다. 연석이가 자기 의견을 발표했지만, 지혁이는 이를 제대로 듣지 않고 있었다. 교사가 연석이의 의견에 대한 생각을 묻자 지혁이는 당황하며 아무런 반응을 하지 못했다. 이는 학생들이 토론 중 상대의 말을 경청해야 한다는 인식을 갖지 못한 결과다. 친구의 의견을 듣고 이해하며 반응하는 것이 토론의 기본임을 인식하도록 교사가 적극적으로 이끌 필요가 있다.

### 상황 2

양 선생님은 학생들이 특정 지역의 분쟁 원인을 탐구하길 원했다.
"이 지역에서 분쟁이 일어난 원인은 무엇일까요?"
교사의 질문에 학생들이 손을 들고 답변하기 시작했다.
연석이가 핵심을 짚는 답변을 했다. 논의를 깊이 있게 발전시킬 수 있는 순간이었다. 하지만 양 선생님은 더 많은 학생의 의견을 들어야 한다고 생각했다. 그래서 손을 든 다른 친구에게 답하도록 했다.
양 선생님은 연석이의 의견을 이어받아 심층적으로 논의하기보다, 서너 명의 학생들에게 추가로 답변할 기회를 주었다. 학생들은 각자의 의견을 제시했지만, 논의는 점점 넓어질 뿐 특정한 관점을 깊이 탐구할 기회를 얻지 못했다.

학생들이 탐구하고 고민할 수 있도록 좋은 질문을 제시하는 것은 토론을 활성화하는 중요한 요소다. 양 선생님은 적절한 질문을 던졌지만, 학생들의 다양한 의견을 듣는 것에 집중한 나머지 논의를 심층적으로 이어가는 기회를 놓쳤다.

토론에서 다양한 관점을 듣는 것은 중요하지만, 모든 상황에서 많은 의견을 듣는 것이 최선은 아니다. 특정한 주제나 개념을 깊이 있게 탐구해야 할 때는 논의의 초점을 유지하고, 학생들의 사고를 확장할 수 있도록 교사가 방향을 조정할 필요가 있다.

예를 들어, 연석이가 핵심을 짚는 답변을 했을 때, 교사가 "연석이의 의견을 조금 더 설명해 줄 수 있나요?"라고 후속 질문을 하거나, "방금 연석이가 말한 내용을 바탕으로 더 깊이 생각해 볼 친구가 있을까요?"라고 학생들에게 연결 질문을 던지면 논의가 심층적으로 이어질 수 있다.

이처럼 교사가 학생의 답변을 단순히 듣고 지나가는 것이 아니라, 의미 있는 답변을 강조하고 확장하는 방식으로 토론을 이끌어 가면, 학생들은 더 깊이 있는 사고를 하며 학습에 적극적으로 참여할 수 있다.

학생들이 활발하게 대화하도록 하려면, 교사가 주도하는 일방적인 수업 방식에서 벗어나야 한다. 학생들에게 발언 기회를 고르게 분배하고, 서로의 의견을 경청하며 반응하도록 이끄는 것이 중요하다. 하지만 많은 학생은 교사와 1:1로 질문하고 답하는 전통적인 수업 방식에 익숙하며, 교사 역시 이러한 방식에 익숙할 수 있다. 따라서 학생들이 자연스럽게 서로 질문하고 답하며 대화할 수 있도록, 구체적인 방법과 절차를 명확하게 제시하고 안내하는 것이 필요하다.

### 학생 간 대화로 연결하는 방법

- 학생에게 공 넘기기
- (초점을 맞춰 논의를 심화시키는) '내 말로 설명하기'
- 친구의 의견에 반응하게 하기

교사가 주도하여 학생들끼리 소통하도록 이끌기 위해서 다음의 3단계를 거친다.

[학생에게 공 넘기기 - '내 말로 설명하기' - 친구의 의견에 반응하게 하기]

### 학생에게 공 넘기기

교사와 학생 간의 대화는 공을 주고받는 것과 비슷하다. 교사가 공을 던지면 학생이 받을 수도 있고, 학생이 공을 던지면 교사가 받기도 한다. 하지만 교사와 학생이 공을 주고받기만 하면 학생들 간의 자연스러운 대화는 형성되기 어렵다. 따라서 교사는 적절한 순간에 공을 학생들끼리 주고받도록 유도해야 한다.

공을 넘긴다는 것은 이제 학생들끼리 직접 이야기할 시간이라는 신호를 주는 것이다. 교사가 이 순간을 명확하게 안내하면, 학생들도 친구의 말에 귀 기울이고 자연스럽게 반응할 준비를 하게 된다.

예를 들어, 교사는 다음과 같은 안내를 할 수 있다.

"이제 친구의 생각을 듣고, 서로 이야기 나누는 시간을 가질게요. 서로 대화하려면 먼저 친구의 말을 잘 들어야겠지요. 만약 친구의 말이 잘 들리지 않으면, 크게 말해달라고 요청할 수도 있어요. 친구의 의견에 적극적으로 반응해 주세요. 동의하는지, 반대하는지, 덧붙일 말이 있는지 말해 보면 좋아요. 친구의 생각을 듣고, 내 생각을 더하는 과정에서 우리는 더 깊이 배우게 됩니다."

처음에는 교사가 학생들에게 이러한 설명을 해주면서 대화를 실행시키고, 점차 학생들이 익숙해지면 설명을 줄여 자연스럽게 학생들 간의 대화가 형성될 수 있도록 이끈다.

[초점을 맞춰 논의를 심화시키는] '내 말로 설명하기'

논의를 활발하게 이어가려면, 교사가 학생들의 발표 중에서 중요한 내용을 골라 논의의 중심으로 삼아야 한다. 즉, 학생들이 깊이 생각하고 이야기할 만한 주제나 의견을 선정하여, 이를 바탕으로 논의를 발전시키는 것이다.

이때 교사는 발표 내용을 다른 학생이 자기 말로 다시 설명하도록 요청할 수 있다. 이는 학생들의 사고를 한층 깊게 만들면서, 발표 내용을 명확하게 이해하도록 돕는 효과적인 방법이다.

**학생 간 논의를 촉진하는 질문 예시**

"○○이의 말을 내 표현으로 다시 말해볼 사람 있나요?"
"○○이의 말을 내가 이해한 대로 다시 말해볼 사람 있나요?"

친구의 말을 다시 정리해서 말하는 과정은 논의의 초점을 잡아주고, 듣는 학생들도 주의 깊게 경청하도록 돕는다. 또한, 발표자가 한 말을 놓

쳤거나 이해하지 못한 학생들에게도 다시 한번 내용을 확인할 기회를 제공한다

### 친구의 의견에 반응하게 하기

학생들이 서로의 의견을 경청하고 적극적으로 소통하도록 돕는 것은 활발한 토론과 깊이 있는 학습을 형성하는 데 중요한 역할을 한다. 단순히 듣는 것에서 그치는 것이 아니라, 친구의 의견을 이해하고 자기 생각을 덧붙이며 논의를 발전시키는 과정이 필요하다. 이를 위해 학생들이 자연스럽게 친구의 의견에 반응하고 의견을 교환할 수 있도록 다양한 방법을 안내해야 한다.

**1) 이해가 안 되면 질문하게 하기**

경청은 단순히 듣는 것이 아니라, 내용을 온전히 이해하는 과정까지 포함한다. 만약 친구의 의견을 이해하지 못한다면 논의를 깊이 있게 이어가기 어렵다. 이럴 때, 학생들이 이해되지 않는 부분을 스스로 밝히고 다시 설명해 줄 것을 요청하도록 안내해야 한다.

> **교사의 안내 예시**
> - "친구의 말을 잘 듣지 못했거나 이해되지 않을 때는 적극적으로 질문해야 해요. 그럴 때는 이렇게 말할 수 있어요. '더 자세히 설명해 줄 수 있나요?' '이 부분이 잘 이해되지 않아요.'"

**2) 열린 질문으로 반응하게 하기**

학생들이 친구의 의견을 듣고 자유롭게 생각을 확장할 수 있도록 하

려면, 교사가 열린 질문을 활용해야 한다. 열린 질문은 논의를 심화하고, 다양한 관점을 공유하는 데 효과적이다.

> **예시 질문**
> - "○○이의 생각에 대해 어떻게 생각하나요?"
> - "또 다른 생각이 있는 사람 있나요?"

### 3) 보충하여 반응하게 하기

학생이 논의의 핵심을 잘 짚었지만, 답변이 충분하지 않거나 부분적으로 부족할 경우, 친구들이 보충하도록 유도하면 논의가 풍부해질 수 있다.

> **예시 질문**
> - "○○이의 답변을 보충해볼 사람 있나요?"
> - "○○이의 답변을 조금 더 구체적으로 설명해 볼 사람 있나요?"
> - "○○이의 답변을 수정해서 말해볼 사람 있나요?"

### 4) 동의와 반대 의견 나누기

동료의 의견에 대한 찬성과 반대 의견을 묻는 것은 학급 내 토론을 자연스럽게 활성화하는 좋은 방법이다. 이를 통해 학생들은 자기 입장을 정리하고 논리적으로 표현하는 연습을 할 수 있다.

> **예시 질문**
> - "○○이의 의견에 동의하나요? 그 이유는 무엇인가요?"
> - "○○이의 의견과 반대되는 생각이 있나요? 왜 그렇게 생각하나요?"

이처럼 학생들이 친구의 의견에 반응할 수 있도록 다양한 방법을 활용하면, 교실에서 더 깊이 있는 대화가 이루어지고 학생들의 사고력과 표현력이 향상될 수 있다. 처음에는 교사의 명확한 안내가 필요하지만, 점차 학생들이 자연스럽게 서로 질문하고 반응할 수 있도록 독려하는 것이 중요하다.

### 26. 학생 간 대화로 연결하기

학생들이 자연스럽게 대화하며 생각을 확장할 수 있도록 교사는 발언 기회를 학생들에게 넘기고, 논의의 초점을 잡아 주며, 친구의 의견에 반응하도록 이끌어 주세요. 특히, 학생들이 친구의 의견을 다시 정리하거나 보충하고, 동의 또는 반대하며 자기 생각을 표현할 수 있도록 유도해 주세요.

### 성찰 질문

- 대화의 주도권을 학생에게 넘기나요?
- 학생 간에 논의가 시작될 수 있도록 초점을 맞추어 주나요?
- 학생 간 논의가 연결되도록 친구의 말에 반응하게 하나요?

## 생각해 보기

다음 표를 보며 상호작용을 촉진하기 위해 내가 하고 있는 것을 살펴보세요.

| 전략 | 체크할 내용 | 체크 |
|---|---|---|
| 25<br>생각할<br>시간 주기 | 질문 후, 충분한 시간을 두고 학생들이 스스로 생각할 수 있도록 기다리나요?(대기시간 1, 2) | |
| | 질문의 난이도에 따라 적절한 대기 시간을 주나요? | |
| | 어려운 질문의 경우, 학생들이 답변을 연습할 기회를 주나요? | |
| 26<br>학생 간<br>대화로<br>연결하기 | 대화의 주도권을 학생에게 넘기나요? | |
| | 학생 간에 논의가 시작될 수 있도록 초점을 맞추어 주나요? | |
| | 학생 간 논의가 연결되도록 친구의 말에 반응하게 하나요? | |

**성찰 질문**

- 잘하고 있는 점과 개선하고 싶은 점은 무엇인가요?
- 제시된 전략 이외에 더할 수 있는 것은 무엇인가요?

**2장**

# 모둠 상호작용 촉진하기

　모둠 활동은 학생들이 협력하고 소통하며 학습 목표를 달성하는 과정에서 학습 주도성을 기를 수 있도록 돕는 중요한 교수법이다. 하지만 단순히 학생들을 그룹으로 묶는 것만으로 효과적인 모둠 활동이 이루어지는 것은 아니다. 학생들이 활동에 적극적으로 참여하고, 서로의 의견을 존중하며, 협력적으로 문제를 해결하려면 명확한 지침과 교사의 세심한 안내가 필요하다. 이를 통해 학생들은 스스로 학습을 이끌어가는 주체로 성장하게 된다.

　그러나 실제 교실에서는 다양한 어려움이 발생한다. 어떤 모둠은 활동을 어떻게 시작해야 할지 몰라 멈춰 있고, 어떤 모둠은 소수의 학생이 주도권을 독점해 협력적인 분위기가 형성되지 않기도 한다. 또한, 의견 충돌이나 책임 회피로 인해 활동이 중단되거나, 일부 학생이 참여하지 않아 협력의 의미가 사라지는 경우도 있다.

　이 장에서는 이러한 문제를 예방하고, 학생 간 상호작용과 협력을 촉진하며, 모둠 활동을 원활하게 운영하는 방법을 다룬다. 모둠 활동이 단순히 과제를 수행하는 과정에서 끝나는 것이 아니라, 학생들이 소통과 협력의 가치를 배우고, 학습 주도성을 키울 수 있는 기회가 될 수 있도록 효과적인 전략을 살펴보자.

## 27
## 모둠 활동을 하는 자세 안내하기

　모둠 활동은 학생들이 협력하며 함께 문제를 해결하는 과정이다. 이를 위해 학생들은 서로의 의견을 존중하고, 적극적으로 참여하며, 협력적인 태도를 유지해야 한다. 그러나 단순히 모둠을 구성한다고 해서 자연스럽게 협력이 이루어지는 것은 아니다. 학생들이 어떤 자세와 태도를 가져야 하는지 명확히 안내할 필요가 있다.

**상황 1**

　모둠 대형으로 자리를 배치했지만, 한서는 의자 등받이에 기대앉아 팔짱을 낀 채 무심한 표정을 짓고 있다. 책상 위에 턱을 괴고 주변을 두리번거리며 모둠 활동에 적극적으로 참여할 기색이 없다. 모둠원들은 힐끔 한서를 바라보며 말을 걸어보려 하지만, 한서는 별다른 반응 없이 가만히 있다. 대화를 주도할 사람이 없어 다른 학생들도 머뭇거리며 어색한 침묵이 흐르고, 모둠 활동은 좀처럼 시작되지 않는다.

　모둠 활동은 서로 협력하는 과정에서 이루어진다. 그러나 대화 도중 다른 곳을 바라보거나 몸을 뒤로 기대어 무관심한 태도를 보이면, 다른 학생들은 적극적으로 의견을 나누고 싶은 마음이 사라질 수 있다. 모둠 활동이 원활하게 이루어지려면 학생들에게 협력적인 자세의 중요성을 강조하고, 어떻게 행동해야 하는지 구체적으로 안내해야 한다.

**상황 2**

모둠 활동이 끝나갈 무렵, 형진이네 모둠의 분위기가 좋지 않다. 양 선생님이 다가가 이유를 묻자 학생들은 "형진이 혼자 다 결정해서 하고 싶지 않아요."라고 말한다. 의사결정 과정에서 형진이는 다른 친구들의 동의 없이 자신이 원하는 대로 결정해 버렸다.

모둠 활동은 여러 의견을 모아 함께 결정하면서 더 좋은 해결책을 찾는 것이 목표다. 하지만 한 사람이 모든 결정을 혼자 내리면, 다른 학생들은 의견을 말할 기회를 잃게 되고, 결국 모둠 활동이 아니라 개인 활동처럼 되어버린다. 따라서, 미리 '모두가 동등하게 말할 기회를 얻는 것'이 왜 중요한지 알려주어야 한다. 그래야 학생들이 균형 있게 대화하며 협력할 수 있다.

이러한 문제를 예방하고 원활한 모둠 활동이 이루어지려면, 학생들이 어떤 자세와 태도를 가져야 하는지 미리 안내하는 것이 중요하다. 협력적인 분위기를 형성하기 위해 학생들이 실천해야 할 몇 가지 기본 원칙을 살펴보자.

### 모둠 활동을 하는 자세 안내하기 방법

- 가까이 앉기
- 바라보고 반응하기
- 긍정적으로 말하기
- 동등하게 말할 기회 주기
- 다름 이해하기

문제를 예방하는 것이 해결하는 것보다 쉽다. 따라서 모둠 활동을 할 때 학생들이 적극적으로 참여하는 자세가 무엇인지 미리 이야기 나누고, 활동할 때마다 이를 강조하는 것이 효과적이다. 협력적인 분위기를 조성하려면 학생들이 올바른 자세를 알고 실천하는 것이 중요하다.

### 가까이 앉기

친구와 협력하려면 먼저 물리적인 거리가 가까워야 한다. 거리가 멀면 자연스럽게 대화가 줄어들고, 공동 작업을 하기도 어려워진다. 때로는 물리적인 거리가 마음의 거리로 이어질 수도 있다. 열린 마음으로 친구를 받아들이고 원활한 소통을 위해 모둠원과 가까이 앉는 것이 중요하다. 학생들과 함께 협력하기 좋은 거리에 대해 이야기 나누어 보자.

### 하지 말아야 할 자세
- 뒤로 기대어 앉기
- 멀리 떨어져 앉기
- 팔짱 끼기

### 해야 할 자세

- 몸을 상대방 쪽으로 기울이기
- 가까이 앉기

#### 교사의 말 예시

- "모둠 활동을 할 때에는 어떻게 앉는 것이 좋을까요?"
- "거리가 멀면 어떻게 느껴지나요?"
- "친구와 효과적으로 협력하려면 어떻게 앉아야 할까요?"

### 바라보고 반응하기

경청의 기본은 상대방을 바라보는 것이다. 상대방의 의견을 존중하고 대화에 집중하려면 서로 눈을 맞추며 반응해야 한다. 부담스럽지 않게 자연스럽게 바라보는 연습을 하며, 친구의 말에 반응하는 방법을 배울 수 있도록 안내한다.

### 반응하는 방법

- 고개 끄덕이기
- 맞장구 치기 ("응, 그래, 그래서?")
- 질문하기 ("그게 무슨 뜻이야?", "좀 더 설명해 줄 수 있어?")

#### 교사의 말 예시

- "상대방의 이야기에 집중하는 모습은 어떤 모습일까요?"
- "친구가 말할 때 적절하게 반응하면 어떤 느낌이 들까요?"
- "경청은 듣기만 하는 것이 아니라 적절하게 반응해 주는 것도 중요해요."

### 긍정적으로 말하기

부정적인 말은 모둠 분위기를 위축시키고 팀워크를 해친다. 반대로 긍정적인 말은 협력의 분위기를 조성하고, 함께하고 싶은 동기를 부여한다. 학생들이 긍정적인 표현을 사용할 수 있도록 연습시키고 강조할 필요가 있다.

#### 긍정적인 표현 예시

- "좋은 아이디어야!"
- "그렇게 하면 더 잘될 것 같아."
- "네 의견도 들어보고 싶어."

#### 교사의 말 예시

- "모둠 활동에서 어떤 말을 하면 기분이 좋아지고 협력이 잘 될까요?"
- "비슷한 말이라도 긍정적으로 표현하면 친구들이 더 기분 좋게 받아들일 수 있어요!"


### 동등하게 말할 기회 주기

모둠 활동에서는 모두가 적극적으로 참여할 책임이 있다. 아이디어가 많은 친구가 발언권을 독점하는 것은 피해야 하며, 반대로 소극적인 학생에게도 의견을 물어볼 기회를 줘야 한다. 특히 의사결정을 할 때는 모든 모둠원이 동의하는 과정을 거쳐야 한다.

#### 교사의 말 예시

- "모둠원 모두의 의견을 물어봤나요?"
- "아직 말하지 않은 친구에게도 기회를 줬나요?"

- "결정할 때는 꼭 모둠원 모두의 동의를 얻어야 해요!"
- "말할 차례가 왔는데 어떻게 해야 할지 모르겠다면 이렇게 말해 보세요. '생각할 시간이 필요해.', '○○이의 의견에 동의해.', '아직 잘 모르겠어.'"

### 다름 이해하기

모든 학생이 같은 방식으로 참여할 필요는 없다. 발표를 잘하는 학생이 있는가 하면, 글을 더 잘 쓰는 학생도 있다. 발표가 어려운 학생에게 무조건 발표를 시키기보다, 각자의 강점을 살려 역할을 조정하는 것이 중요하다.

#### 교사의 말 예시

- "우리는 모두 다 달라요. 어떤 친구는 발표를 잘하지만, 어떤 친구는 글을 더 잘 써요. 발표가 어려운 친구에게 똑같이 발표하라고 하면 부담이 되겠죠? 쓰기가 어려운 친구에게 무조건 글을 쓰라고 하면 힘들 거예요. 그럴 때는 서로 도와주고 이해해 주는 것이 중요해요. 대신, 발표가 어려운 친구는 모둠을 위해 내가 기여할 수 있는 것이 무엇인지 찾아보는 노력도 필요해요. 우리는 서로 다름을 이해하고 협력할 때, 더 좋은 결과를 만들 수 있어요."

### 27. 모둠 활동을 하는 자세 안내하기

모둠 활동에서는 가까이 앉아 서로를 바라보고 반응하며, 긍정적인 언어를 사용해 동등하게 의견을 나누는 태도를 갖추도록 안내해야 합니다. 또한, 모둠원 간의 차이를 인정하고 존중하며 협력하는 태도를 기를 수 있도록 격려해 주세요.

### 성찰 질문

- 모둠 활동 시 협력하는 자세와 태도를 명확하게 안내하나요?
- 학생 모두 참여할 수 있는 방법을 안내하나요?
- 참여에 대한 책임이 있음을 안내하나요?

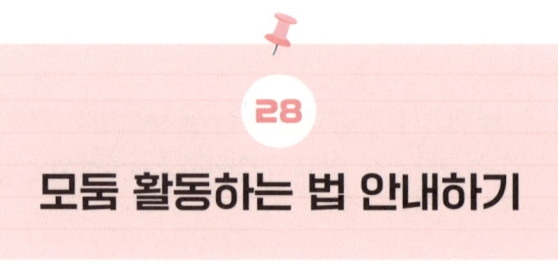

# 모둠 활동하는 법 안내하기

    모둠 활동을 할 때 학생들이 절차와 방법을 몰라 어려움을 겪는 경우가 많다. 단순히 모둠을 구성했다고 해서 자연스럽게 협력이 이루어지는 것이 아니다. 학생들이 해야 할 일을 명확히 이해하고, 활동을 실행하는 과정에서 사용할 표현과 대화 방법을 알고 있어야 원활한 활동이 가능하다. 교사가 이러한 부분을 구체적으로 안내해 주면, 학생들은 인지적 부담을 줄이고 보다 적극적으로 모둠 활동에 참여할 수 있다.

### 상황

    모둠 활동이 시작되었지만, 양 선생님이 교실을 돌아보던 중 한 모둠이 여전히 가만히 있는 모습을 발견했다. "왜 아직 시작하지 않았어?"라고 묻자, 학생들은 난처한 표정을 지으며 대답했다. "어떻게 해야 할지 모르겠어요."

    모둠 활동이 어려운 이유는 학생들이 실행 방법을 모른 채 활동을 시작해야 하기 때문이다. 교사가 주도하는 수업에서는 교사가 자연스럽게 활동을 이끌어가지만, 모둠 활동에서는 학생들이 스스로 실행해야 한다. 무엇을 어떻게 해야 할지, 어떤 순서로 실행해야 하는지, 역할은 어떻게 나눌지 고민하면서 동시에 학습 내용까지 이해해야 하므로 학생들에게는 큰 부담이 될 수 있다. 이러한 부담이 커지면 모둠원들 사이에서 적극적으로 시작하려는 사람이 없어 머뭇거리게 되고, 결국 활동이 시작되지 않는 경우가 발생한다. 양 선생님의 사례에서도 학생들은 활동의 흐름을 잡지 못하고 있었고, 교사에게 도움을 요청하는 방법조차 몰라 지체되고 있었다.

이러한 문제를 해결하려면, 학생들에게 모둠 활동을 실행하는 방법을 사전에 명확하게 안내해 주어야 한다.

### 모둠 활동하는 법 안내하기

- 해야 할 일 명확하게 제시하기
- 실행 말 제시하기

### 해야 할 일 명확하게 제시하기

모둠 활동은 학생들이 여러 가지 과제와 정보를 동시에 처리해야 하는 특성이 있어, 과도한 인지적 부담(인지 부하)이 발생할 수 있다. 학생들은 무엇을 해야 할지 몰라서 멈춰 있거나, 실행 순서를 기억하지 못해 혼란을 겪을 수도 있다. 이를 방지하기 위해 교사는 학생들이 모든 단계를 일일이 기억하지 않아도 쉽게 이해하고 따라갈 수 있도록 활동 과정을 시각적으로 정리하여 안내해야 한다.

활동 절차를 말로만 설명하는 것보다 칠판에 핵심 내용을 판서하거나 학습지로 제공하면 효과적이다. 이렇게 하면 학생들은 실행 방향을 쉽게 파악할 수 있고, 기억해야 할 내용을 줄일 수 있어 학습의 부담이 줄어든다.

예를 들어, 각자 의견을 작성한 후 모둠별로 모여 공통 의견을 도출하는 활동이라면, 다음과 같이 절차를 안내할 수 있다.

**모둠 활동 판서 예시**
① 순서 정하기 : 가위바위보
② 발표하기 : 각자 자기 의견 발표
③ 토론하기: 발표에 대한 생각 말하기
④ 다음 발표자로 넘어가기
⑤ (발표가 끝나면) 모둠 공통의 의견 결정하기

이처럼 활동 과정이 단계별로 정리되어 있으면, 학생들은 현재 어떤 단계를 실행해야 하는지 쉽게 파악할 수 있다. 또한, 교사가 활동을 실행하면서 판서를 병행하면 학생들의 이해를 높일 수 있다.

### 실행 말 제시하기

학생들이 모둠 활동을 실행할 때, 어떤 말을 해야 할지 몰라 어려움을 겪는 경우가 많다. 적절한 표현을 미리 제공하면, 학생들이 자연스럽게 대화하며 활동을 실행할 수 있도록 도울 수 있다.

아래는 모둠 활동 중 자주 사용되는 표현을 정리한 예시다. 활동 전에 학생들에게 이러한 표현을 제시하고 연습할 기회를 주면, 모둠 활동이 원활하게 실행될 수 있다.

**모둠 활동 실행을 돕는 표현 예시**

| 모둠 활동 실행 전략 | 예시 문장 |
|---|---|
| 발언권 주기 | "누가 먼저 시작할까요?"<br>"○○이 먼저 말해주세요."<br>"○○는 어떻게 생각하나요?"<br>"○○의 의견에 대해 다른 생각이 있나요?" |
| 의견 표현하기 | "나는 ~라고 생각해요. 왜냐하면…"<br>"내 의견은 ~예요. 예를 들면…"<br>"내가 봤을 때는 ~입니다. ~에 따르면…" |
| 발언 독려하기 | "좀 더 자세히 설명해 줄 수 있나요?"<br>"그렇게 생각한 이유를 말해 주세요."<br>"예를 들어 설명해 줄 수 있어요?" |
| 발언 확인하기 | "방금 ~라고 말했나요?"<br>"제가 이해한 게 맞다면 ~라는 뜻인가요?" |
| 질문하기 | "이 부분이 이해되지 않아요. 한 번 더 설명해 주세요."<br>"여기에 대해서 어떻게 생각하나요?"<br>"~라는 개념은 무엇인가요?" |
| 동의 및<br>반대 표현하기 | "~에 동의해요. 왜냐하면…"<br>"저는 ~한 부분이 좋았어요. 그 이유는…"<br>"좋은 의견이에요. 하지만 저는…"<br>"제 생각은 조금 달라요. 왜냐하면…" |
| 의사 결정하기 | "~에 동의하시나요?"<br>"○○는 어떻게 생각해요?"<br>"다른 의견이 있으면 말해주세요." |

이처럼 모둠 활동에 필요한 문장을 미리 제공하면, 학생들은 어떤 표현을 사용해야 할지 고민할 필요 없이 자연스럽게 대화할 수 있다. 또한, 활동이 실행될수록 학생들이 점점 이러한 표현을 익히게 되므로, 교사는 점차적인 지원을 줄여가며 학생들이 자율적으로 실행할 수 있도록 유도해야 한다.

### 28. 모둠 활동을 하는 법 안내하기

모둠 활동이 원활하게 이루어지려면 학생들이 무엇을 어떻게 해야 하는지 명확히 알고 있어야 합니다. 활동의 절차를 구체적으로 제시하고, 학생들이 자연스럽게 대화하며 협력할 수 있도록 필요한 표현을 안내해 주세요.

### 성찰 질문

- 학생이 모둠 활동을 할 때 '해야 할 일'을 명시적으로 제시했나요?
- 학생들이 원활한 모둠 활동을 실행하기 위한 '실행 말'을 제시했나요?

## 29
## 모둠 활동 과정에 적절한 도움 주기

모둠 활동이 효과적으로 이루어지려면 학생들이 스스로 문제를 해결하고 협력하는 과정이 원활해야 한다. 하지만 모든 모둠이 자연스럽게 활동을 실행하는 것은 아니다. 때로는 과제보다 대화에 집중하는 모둠이 있는가 하면, 문제 해결의 실마리를 찾지 못해 어려움을 겪거나 특정 학생이 소극적으로 참여하는 때도 있다. 교사는 이러한 상황을 파악하고 적절한 개입을 통해 학생들이 주도적으로 활동을 이어갈 수 있도록 도와야 한다.

### 상황 1
1모둠 학생들은 모둠 활동 시간이 즐겁다. 모둠이 형성되자마자 서로 흥미로운 이야기들을 나누며 웃음을 터뜨린다. 하지만 과제에는 좀처럼 관심을 보이지 않는다. 시간이 지나도 과제에 집중하지 않고, 수업과 무관한 이야기를 이어가며 활동을 시작할 생각을 하지 않는다.

1모둠 학생들은 모둠 활동을 사회적 교류의 시간으로 여기고 있다. 친구들과 이야기하는 것이 즐겁지만, 과제 수행에는 적극적으로 나서지 않는다. 이러한 경우, 학생들이 모둠 활동을 시작할 수 있도록 교사가 개입해야 한다. 과제가 주어진 후에도 실행되지 않는 모둠을 발견하면, 교사가 순회하며 자연스럽게 참여를 유도하고, 학생들이 집중할 수 있도록 적절한 도움을 제공해야 한다.

### 상황 2

2모둠 학생들은 수학 시간에 주어진 문제를 해결하기 위해 열심히 고민하고 있다. 서로 토론하며 다양한 방법을 시도해 보지만, 시간이 지나도 문제 해결의 실마리를 찾지 못해 표정이 점점 어두워진다. 몇몇 학생은 풀이를 포기한 듯한 모습을 보이며 좌절감을 느끼고 있다.

2모둠 학생들은 적극적으로 문제를 해결하려 하지만, 해결 방법을 찾지 못해 난관에 부딪혀 있다. 열심히 참여하던 학생들도 계속된 실패로 인해 점차 의욕을 잃어가는 상황이다. 이런 경우, 교사가 적절한 단서를 제공하면 학생들은 다시 도전 의지를 되찾고 학습에 몰입할 수 있다. 단, 교사의 개입이 문제를 대신 해결해 주는 방식이 아니라, 학생들이 스스로 답을 찾을 수 있도록 돕는 방식이어야 한다.

### 상황 3

3모둠의 희찬이는 평소 말수가 적다. 전체 발표 시간에도 조용히 듣기만 하며, 모둠 활동에서도 친구들 앞에서 의견을 내는 것을 어려워한다. 모둠원들은 답답한 마음에 "너도 말을 해야지!"라고 다그치지만, 희찬이는 위축된 표정을 지으며 입을 열지 않는다.

희찬이처럼 소극적인 학생은 주변에서 강하게 자극을 받으면 오히려 더 움츠러들 수 있다. 친구들이 다그칠수록 부담을 느끼고 위축되며 결국, 말하기 어려운 상황이 된다. 이럴 때는 교사가 개입하여 희찬이가 편안한 분위기 속에서 자기 의견을 낼 수 있도록 도와야 한다. 희찬이에게 바로 답변을 요구하는 대신, 천천히 말할 수 있는 기회를 제공하거나 짝 활동을 먼저 실행한 후 모둠에서 의견을 나누는 방식으로 유도하면 참여를 도울 수 있다.

이러한 다양한 상황에서 교사는 단순히 모둠 활동을 지켜보는 것이 아니라, 학생들이 원활하게 협력하고 적극적으로 참여할 수 있도록 적절한 개입을 해야 한다. 교사의 개입 방식은 학생들에게 주도적으로 문제를 해결할 기회를 주면서도, 필요할 때 적절한 방향을 제시하는 데 초점을 맞춰야 한다. 이를 위해 교사는 다음과 같은 방법을 활용할 수 있다.

**모둠 활동 과정에 적절한 도움 주기 방법**

- 순회하며 참여도 관찰하기
- 본보기 작품 소개하기
- 단서 제공하기
- 다툼 중재하기
- 무임승차 효과 예방하기

### 순회하며 참여도 관찰하기

　모둠 활동이 시작되면 교사는 학생들이 적극적으로 참여하고 있는지 살펴야 한다. 특히, 1모둠처럼 아직 활동을 시작하지 못한 모둠이 있다면, 교사의 순회를 통해 자연스럽게 활동에 집중할 수 있도록 유도해야 한다. 학생들이 스스로 과제를 수행할 기회를 주되, 필요한 경우 부드럽게 개입하여 실행을 돕는 것이 중요하다.

### 본보기 작품 소개하기

　학생들이 어떻게 해야 할지 막막해할 때, 교사는 모둠을 순회하며 좋은 예시가 될 만한 작품을 찾아 공유할 수 있다. 특정 모둠이 과제를 효과적으로 수행하고 있다면, 그 방법을 다른 모둠에 소개하여 참고하도록 하면 된다. 본보기 작품을 한두 개만 보여주기보다는 다양한 사례를 제시하여 학생들이 여러 방식으로 접근할 수 있도록 돕는 것이 효과적이다. 이를 통해 학생들은 방향을 잡고 자기 아이디어를 발전시킬 수 있다.

### 단서 제공하기

　학생들이 과제를 해결하는 데 어려움을 겪을 경우, 교사가 적절한 단서를 제공하여 문제 해결을 도와야 한다. 하지만 단서를 제공하는 시점이 중요하다. 학생들이 충분히 고민할 시간을 갖도록 먼저 기다려야 하며, 너무 일찍 힌트를 주면 스스로 사고할 기회를 빼앗을 수 있다. 반대로, 너무 오랜 시간 해결 방법을 찾지 못하면 학습 동기가 떨어질 수 있으므로, 적절한 시점을 판단하여 개입해야 한다. 특히, 다른 모둠은 진도를 나가고 있는데 특정 모둠만 지나치게 뒤처지고 있다면, 교사가 단서를 제공하여 활동을 원활하게 실행할 수 있도록 조정할 필요가 있다.

### 다툼 중재하기

모둠 활동 중 갈등이 발생하는 경우는 크게 두 가지로 나눌 수 있다. 첫째, 과제 해결 과정에서 의견 차이가 좁혀지지 않아 논쟁이 생기는 경우이다. 둘째, 학습과 무관한 감정적인 충돌이나 행동 문제로 인해 갈등이 생기는 경우이다.

첫 번째 경우에는 학생들끼리 충분히 논의하여 합의를 도출할 기회를 주는 것이 좋다. 하지만 시간이 지나도 해결되지 않는다면, 교사가 개입하여 논의를 정리해야 한다. 예를 들어, 두 가지 의견이 팽팽히 대립할 경우, 하나의 결론을 강요하는 대신 두 의견을 모두 기록하여 존중하는 방식으로 해결할 수 있다.

두 번째 경우에는 교사가 적극적으로 개입하는 것이 필요하다. 학습과 관련된 논쟁은 학생들 스스로 해결하도록 유도할 수 있지만, 감정적인 다툼은 수업에 방해가 될 수 있으므로 빠르게 중재해야 한다. 갈등이 지속되면 모둠 활동의 학습 효과가 저하되므로, 교사가 신속하게 상황을 파악하고 해결할 수 있도록 돕는 것이 중요하다.

### 무임승차 효과 예방하기

모둠 활동은 보통 공동의 결과물을 만들어 제출하는 방식으로 실행되지만, 이 과정에서 일부 학생이 모든 일을 떠맡고 다른 학생들은 참여하지 않는 '무임승차 효과'가 발생할 수 있다. 이를 방지하기 위해서는 각자의 역할과 책임을 명확히 할 필요가 있다.

효과적인 방법 중 하나는 활동 결과지를 모둠원 수만큼 배부하여, 모든 학생이 개별적으로 자기 결과물을 제출하도록 하는 것이다. 단순히 활동지를 걷기만 하는 것이 아니라, 교사가 학생들의 결과물을 직접 확인하는 모습을 보여주는 것이 중요하다. 학생들은 교사가 학습 과정에 관심을 가지는지 쉽게 파악할 수 있으며, 교사의 피드백이 없으면 대충 제출하려는 경향이 생길 수 있다. 따라서 교사는 바쁘더라도 개별 결과물을 점검하는 습관을 갖고, 학생들이 책임감을 가지고 과제에 임할 수 있도록 유도해야 한다.

이처럼 교사는 모둠 활동 과정에서 단순히 지켜보는 것이 아니라, 학생들이 원활하게 협력하고 적극적으로 참여할 수 있도록 다양한 방법으로 개입해야 한다. 다만, 교사의 개입이 학생들의 사고 과정을 방해하지 않도록 적절한 시점과 방법을 선택하는 것이 중요하다.

### 29. 모둠 활동 과정에 적절한 도움 주기

모둠 활동이 원활하게 이루어지도록 교사는 학생들의 참여도를 관찰하며 적절한 개입을 해야 해요. 활동이 지연되거나 어려움을 겪는 경우, 본보기 작품을 소개하거나 단서를 제공하여 학생들이 스스로 해결할 수 있도록 유도하세요. 또한, 갈등 상황을 중재하고, 무임승차를 방지하는 조치를 통해 모든 학생이 균형 있게 역할을 수행하며 책임감 있게 참여할 수 있도록 지도해 보세요.

**성찰 질문**

- 모둠 활동 시 교사는 순회하며 참여도 및 이해도를 관찰하나요?
- 학생이 활동의 목표와 방향을 이해할 수 있도록 본보기 작품을 소개하나요?
- 문제 해결에 어려움을 겪을 때에는 적절한 단서를 제공하나요?
- 모둠 활동 과정에서 벌어지는 다툼을 적절히 중재하나요?
- 모둠 활동시 무임승차를 예방하기 위한 조취를 취하나요?

## 생각해 보기

다음을 보며 상호작용을 촉진하기 위해 하고 있는 것을 살펴보세요.

| 전략 | 체크할 내용 | 체크 |
|---|---|---|
| 27 모둠 활동 하는 자세 안내하기 | 모둠 활동 시 협력하는 자세와 태도를 명확하게 안내하나요? | |
| | 학생 모두 참여할 수 있는 방법을 안내하나요? | |
| | 참여에 대한 책임이 있음을 안내하나요? | |
| 28 모둠 활동 하는 법 안내하기 | 학생이 모둠 활동을 할 때 '해야 할 일'을 명시적으로 제시했나요? | |
| | 학생들이 원활한 모둠 활동을 실행하기 위한 '실행 말'을 제시했나요? | |
| 29 모둠 활동 과정에 적절한 도움 주기 | 모둠 활동 시 교사는 순회하며 참여도 및 이해도를 관찰하나요? | |
| | 학생이 활동의 목표와 방향을 이해할 수 있도록 본보기 작품을 소개하나요? | |
| | 문제 해결에 어려움을 겪을 때에는 적절한 단서를 제공하나요? | |
| | 모둠 활동 과정에서 벌어지는 다툼을 적절히 중재하나요? | |
| | 모둠 활동시 무임승차를 예방하기 위한 조취를 취하나요? | |

### 성찰 질문

- 잘 하고 있는 점과 개선하고 싶은 점은 무엇인가요?
- 제시된 전략 이외에 더 할 수 있는 것은 무엇인가요?

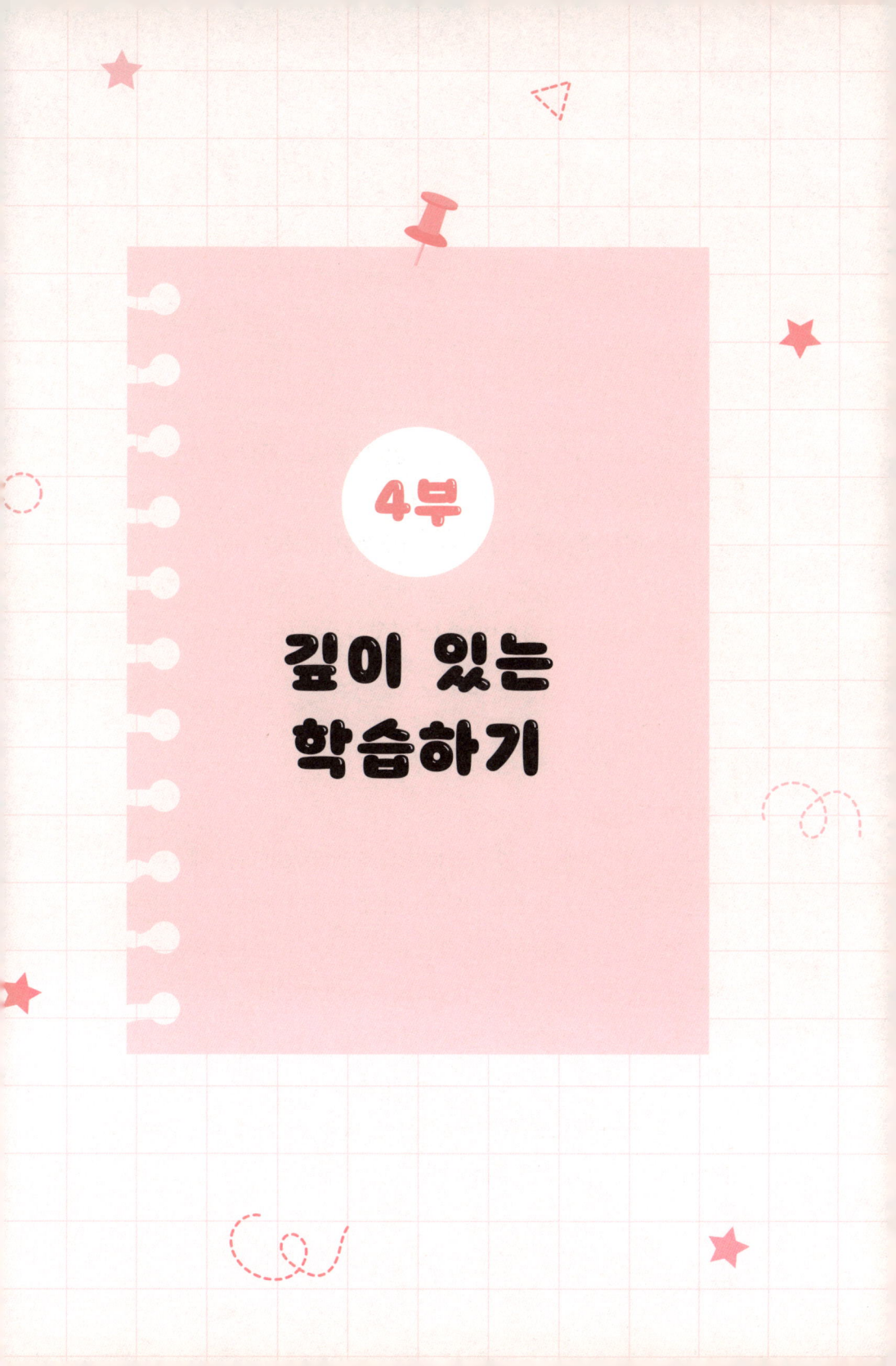

# 4부

# 깊이 있는 학습하기

교실에서의 학습은 단순히 지식을 전달받는 것이 아니라, 학생들이 스스로 생각하고 의미를 찾아가는 과정이어야 한다. 이를 위해 교사는 수업 내용을 맥락 속에서 설명하여 이해를 돕고, 질문을 통해 사고를 확장시키며, 학습 상태를 면밀히 살펴보며 수업을 조정해야 한다. 또한, 학생들의 이해도를 지속적으로 평가하여 효과적인 학습 환경을 조성해야 한다.

### 4부의 특징과 목적

이 부에서는 학생들이 깊이 있는 학습에 도달하고, 학습 내용을 정리하고 이해할 수 있도록 돕는 다양한 교수법과 평가 전략을 소개한다. 단순히 정답을 찾는 것이 아니라 스스로 질문하고 사고하며 학습을 주도할 수 있도록 하는 것이 핵심이다. 효과적인 평가 전략을 활용하면 학생들의 학습 과정을 파악하고, 그에 맞춰 수업을 조정할 수 있다.

이제, 학생들의 사고력을 키우고 학습을 더욱 풍부하게 하는 효과적인 수업 전략과 평가 방법을 살펴보자.

## 1장
# 깊이 있는 학습으로 이끌기

학생들이 깊이 있는 학습을 하려면 단순히 정보를 외우는 것을 넘어, 내용을 맥락 속에서 이해하고 스스로 생각하며 적극적으로 학습할 수 있어야 한다. 이를 위해 교사는 학습 내용을 명확하게 연결해 주고, 학생들이 사고를 확장할 수 있도록 도와야 한다.

이 장에서는 학생들이 학습 내용을 쉽게 이해하고 깊이 생각할 수 있도록 지원하는 방법을 소개한다.

**구체적으로, 교사는**

- 학습의 큰 그림을 제시하여 학생들이 내용을 체계적으로 정리할 수 있도록 돕는다.
- 생각 말하기(Think-aloud) 기법을 활용해 사고의 과정을 명확히 보여 주고 학습을 지원한다.
- 질문을 통해 학생들의 논리를 발전시키고, 더 깊이 생각할 기회를 제공한다.
- 학생들의 답변을 비교·공유하여 서로의 사고를 확장하도록 유도한다.

• 능동적인 학습 태도를 기를 수 있도록 효과적인 학습법을 안내한다.

이러한 방법을 활용하면, 교사는 학생들에게 학습의 의미를 명확히 전달하고, 깊이 있는 학습을 유도하며, 학생들이 스스로 학습의 주체가 될 수 있도록 도울 수 있다. 이제, 학생들이 깊이 사고하고 학습할 수 있도록 돕는 효과적인 방법들을 자세히 살펴보자.

## 30
# 큰 그림 제시하여 이해 돕기

학생들이 학습 내용을 더 깊이 이해하려면 단원과 차시의 전체적인 흐름을 먼저 파악하는 것이 중요하다. 학습의 큰 그림을 제시하면 학생들은 개별 개념을 단순히 암기하는 것이 아니라, 전체적인 맥락 속에서 의미를 이해하고 연결할 수 있게 된다. 교사는 단원과 차시가 어떻게 연결되는지를 명확하게 설명해주어야 하며, 이를 통해 학생들이 핵심 개념을 구조적으로 이해할 수 있도록 도울 수 있다.

### 상황

민주는 국어 시간에 요약하는 법을 배우고 있다. 이전 시간에 선생님이 설명하는 글의 구조를 알려주셨다. 이번 시간에는 설명하는 글의 구조를 생각하며 글을 요약하는 법을 알려주셨다. 하지만 민주는 글의 구조가 제대로 생각나지 않았고 글의 구조와 글을 요약하는 법의 관련성을 이해하지 못했다.

교사는 단원의 흐름을 알고 있지만, 학생들은 현재 배우는 내용이 단원에서 어떤 위치를 차지하는지 쉽게 파악하지 못한다. 사람은 맥락을 이해할 때 더 잘 배우고 기억할 수 있다. 하지만 맥락 없이 개별 정보를 배우면, 그 지식이 서로 연결되지 못하고 쉽게 사라진다.

민주가 글의 구조와 요약 방법 사이의 관계를 이해하지 못한 이유도 바로 여기에 있다. 교사가 이전 차시와 연결 지어 설명해 준다면, 민주가 학습 내용을 더 쉽게 이해하고 활용할 수 있었을 것이다.

혁수는 국토의 모습이 달라진 이유를 배우고 있다. 그 원인으로 산업 구조의 변화, 교통 발달, 도시로의 인구 집중이 있다는 것을 배웠다. 하지만 혁수는 각 개념을 따로따로 이해했을 뿐, 이것들이 어떻게 연결되어 국토의 모습이 변화하는지를 파악하지 못했다.

학생들은 한 시간 동안 많은 내용을 배우지만, 이를 의미 있게 연결하는 데 어려움을 겪을 수 있다. 혁수도 각각의 개념을 이해했지만, 이 개념들이 어떻게 상호작용하여 국토의 모습이 변화하는지 연결하지 못했다. 교사가 전체 구조를 강조하고, 각각의 개념들이 어떻게 맞물려서 하나의 결과를 만들어내는지 이해할 수 있도록 이끌어주면, 학생들은 개별 개념을 단순 암기하는 것이 아니라 큰 그림 속에서 의미를 이해할 수 있게 된다.

### 이해의 중요성 실험 (Bransford & Johnson, 1972)

다음 글을 읽어보자.

---

절차는 실제로 매우 단순하다. 먼저 항목들을 몇 종류로 분류한다. 물론 해야 할 양이 얼마나 되느냐에 따라서 때로는 한 묶음으로도 충분할 수가 있다. 시설이 모자라 다른 곳으로 옮겨야 한다면 그렇게 한다. 그렇지 않으면 이제 준비는 다 된 셈이다. 중요한 것은 한 번에 너무 많은 양을 하지 말아야 한다는 점이다. 아예 한 번에 조금씩 하는 것이 너무 많은 양을 한 번에 하는 것보다 차라리 낫다. 이 점은 얼핏 보기에는 별로 중요한 것 같지 않으나, 일이 복잡하게 되면 곧 이유를 알게 된다. 한 번의 실수는 그 대가가 비쌀 수도 있기 때문이다. 이 모든 절차는 처음에는 꽤 복잡하게 보일지 모르나, 곧 이 일이 생활의 일부분임을 알게 된다. 일단 이 일이 끝난 다음에는 항목들을 다시 분류한다. 그리고 적당한 장소에 넣어둔다. 이 항목들은 나중에 다시 사용될 것이다. 다음에도 지금까지의 모든 절차는 반복될 것이다.

출처: Bransford and Johnson, 1972; 노명완 (1994)에서 재인용

---

이 글은 비교적 쉬운 단어로 쓰였지만, 읽고 나서 내용을 쉽게 이해하기 어려웠을 것이다. 이제 이 글이 "세탁기를 이용한 빨래하는 법"을 설명한 글이라는 사실을 알고 다시 읽어보자. 이제는 훨씬 쉽게 이해할 수 있을 것이다.

이 실험은 맥락을 알고 있을 때 학습이 훨씬 쉬워진다는 것을 보여준다. 학생들도 같은 원리로 학습한다. 큰 그림을 먼저 이해하면 세부 내용을 쉽게 연결하고 기억할 수 있다.

**큰 그림 제시하여 이해를 돕는 방법**

- 단원의 큰 그림 확인하기
- 차시 수업과 단원을 자연스럽게 잇기
- 차시 수업의 큰 그림 확인하기

### 단원의 큰 그림 확인하기

학교에서 공부하는 교과서의 내용은 단원 중심으로 구성된다. 단원은 하나의 학습 주제가 되며, 단원을 중심으로 세부 차시가 나누어진다. 따라서 학습의 큰 그림을 그리기 위해서는 단원을 중심으로 전체 흐름을 파악하는 것이 중요하다. 보통 교과서에는 단원 시작 부분에 단원의 흐름이 정리되어 있으며, 이를 활용하면 학생들이 주제의 큰 그림을 쉽게 이해할 수 있다. 단원의 큰 그림은 단원의 성취기준이자 학습 목표가 된다.

학생들과 함께 단원의 큰 그림을 확인하는 과정은 다음과 같이 실행할 수 있다.

**① 단원의 제목 읽기**

교사     이번 단원의 제목은 무엇일까요?
학생     국토와 우리 생활입니다.

**② 단원 학습의 흐름 살펴보기**

교사     단원은 몇 개의 중단원으로 이루어져 있나요?

학생     세 개의 중단원으로 이루어졌습니다

교사     각각 읽어볼까요?

학생     하나, 국토의 위치와 영역. 둘, 국토의 자연 환경. 셋, 국토의 인문 환경이요.

교사     국토와 우리 생활의 관계를 살펴보기 위해 세 가지를 공부하는군요. 각 중단원은 서로 연결되어 있으며, 국토의 위치와 영역을 먼저 이해한 후, 자연환경과 인문 환경이 국토에 어떤 영향을 미치는지 배우게 됩니다.

### ③ 단원에서 나올 내용 예상해 보기

목차를 보며 학생들이 어떤 내용을 학습할지 예상하도록 한다.

이를 통해 학생들이 단원의 전반적인 흐름을 이해하고, 어떤 개념들이 서로 연결되는지 파악할 수 있도록 돕는다.

## 차시 수업과 단원을 자연스럽게 잇기

단원이 하나의 큰 주제라면, 차시는 그 주제에서 나뉘는 하위 주제가 된다. 즉, 단원은 큰 그림이고, 차시는 작은 그림이다. 차시 수업은 다시 몇 개의 활동으로 구성되므로, 차시는 큰 그림이 되고 활동은 다시 작은 그림이 된다.

따라서 차시 수업을 시작할 때에도 오늘 공부할 내용이 전체 학습에서 어떤 위치에 있는지를 큰 그림으로 안내하는 것이 중요하다. 보통 차시 수업의 큰 그림은 '학습 활동 안내'로 제시되지만, 활동 자체가 학습으로 연결되는 것은 아니다. 이번 차시에서 학습하고자 하는 개념이나 기능이 서로 어떤 관련이 있는지를 안내하고 확인하는 과정이 필요하다.

단원의 흐름을 한 번 언급했다고 해서 학생들이 전체 구조를 쉽게 이해하는 것은 아니다. 차시 수업으로 줌인(Zoom In) 했다면, 다시 줌아웃(Zoom Out)하여 지금 배우는 내용이 단원에서 어떤 부분을 차지하는지, 다른 차시와는 어떤 관계가 있는지 확인해야 한다.

> 예시

교사   이번 단원에서 우리는 국토와 우리 생활이 어떤 관련이 있는지 공부하고 있습니다. 앞선 차시에서 국토의 위치를 나타내기 위해 두 가지를 배웠습니다. 뭐였죠?

학생   위도와 경도입니다.

교사   국토의 위치를 위도와 경도로 나타내 보았습니다. 이번 시간에는 거기에 이어 우리나라의 영역을 구분하는 영토, 영해, 영공에 대해서 알아볼 거예요.

## 차시 수업의 큰 그림 확인하기

### ① 교사가 수업의 큰 그림을 설명하기

수업 초반에 교사가 오늘 배울 내용을 학생들에게 큰 그림으로 안내한다.

> 예시

교사   오늘은 우리 국토의 위치를 알아보도록 할 거예요. '위도가 무엇인지 알아보기-경도가 무엇인지 알아보기-위도와 경도를 이용해 우리 국토의 위치 나타내기' 순서로 공부하도록 하겠습니다.

## ② 학생과 함께 오늘 수업의 큰 그림 정리하기

교사가 적절한 질문을 활용하여 학생들이 스스로 오늘 배운 내용을 정리하도록 한다.

**예시**

| | |
|---|---|
| 교사 | 오늘 국토의 위치를 나타내기 위해 배운 두 가지가 뭐였죠? |
| 학생 | 위도와 경도입니다. |
| 교사 | 위도의 뜻은 무엇이었나요? |
| 학생 | 적도를 기준으로 남북으로 얼마나 떨어져 있는지 나타내는 것입니다. |
| 교사 | 북위를 무엇이라 하죠? |
| 학생 | 남북을 각각 90도로 나누어 북쪽을 북위라고 합니다. |
| 교사 | 경도에서 기준으로 하는 것은 무엇인가요? |
| 학생 | 본초자오선입니다. |
| 교사 | 경도의 뜻은 무엇인가요? |
| 학생 | 본초자오선을 기준으로 동서로 얼마나 떨어져 있는지 나타내는 것입니다. |
| 교사 | 위도와 경도를 배워서 무엇을 하였나요? |
| 학생 | 우리 국토의 위치를 찾았습니다. 다른 나라의 위치도 찾았습니다. |

### ③ 오늘의 핵심 단어 정리하기

교사가 이번 차시의 핵심 단어를 간단히 칠판에 적어주는 것만으로도 학생들이 큰 그림을 이해하는 데 도움을 받을 수 있다.

**예시**

칠판에 다음과 같이 판서할 수 있다.

> 위도 - 적도 - 가로선
> 경도 - 본초자오선 - 세로선
> 우리 국토의 위치를 숫자로 나타내기

교사는 수업을 실행하며 새로운 활동을 할 때마다 현재 학습이 전체 맥락에서 어디에 해당하는지를 반복적으로 확인하도록 한다. 이를 통해 학생들은 단순한 지식 습득이 아니라 학습 내용을 유기적으로 연결하고 이해할 수 있다.

### 30. 큰 그림 제시하여 이해 돕기

단원과 차시의 전체 흐름을 명확히 제시하여 학생들이 학습 내용을 쉽게 이해할 수 있도록 도와주세요. 각 개념이 전체 맥락에서 어떻게 연결되는지 인식할 수 있도록 하면 학습 효과가 커집니다. 이를 통해 학생들이 배운 내용을 유의미하게 연결하고, 깊이 있는 이해를 할 수 있도록 지원해 봅시다.

**성찰 질문**

- 단원 도입 시 큰 그림을 확인하나요?
- 차시 수업과 단원을 연결하나요?
  - 차시 수업의 큰 그림을 확인하나요?

# 31
## 생각 말하기(Think-aloud)를 통한 이해 돕기

교사가 자기 생각을 말로 표현하며 문제를 해결하는 과정을 보여주면, 학생들이 이를 따라 하면서 배울 수 있다. 이렇게 하면 학생들이 개념을 더 쉽게 이해하고, 스스로 문제를 해결하는 능력도 키울 수 있다.

### 상황

뺄셈을 도입하는 수학 시간이다. 학생들에게 아래의 문제를 어떻게 해결해야 하는지 양 선생님이 설명하고 있다.

문제 : 연못에는 오리가 5마리 있다. 땅에는 오리가 3마리 있다. 어느 곳의 오리가 몇 마리 더 많은가요?

### 양 선생님의 설명

몇 마리 더 많나요? 라고 물어봤으니까 뺄셈이 되죠. 연못에 오리 5마리가 있으니까 5를 쓰고, 땅에 3마리가 있으니까 3을 쓰고 5에서 3을 빼면 2가 남으니까 5빼기 3은 2가 됩니다.

양 선생님의 설명은 이미 뺄셈 개념을 알고 있는 학생들에게는 쉽게 이해될 수 있다. 그러나 뺄셈 개념을 처음 배우는 학생들에게는 어려울 수 있다. 그 이유는 왜 뺄셈을 해야 하는지, 문제 상황과 연관 지어 이해할 수 있도록 안내하는 과정이 부족하기 때문이다. 단순한 연산 과정을 나열하는 것만으로는 학생들이 뺄셈의 개념을 온전히 이해하기 어렵다.

이때 '생각 말하기(Think-aloud)' 전략을 활용하면, 언제 뺄셈을 해야 하는지, 기존에 알고 있는 개념과 어떻게 연결되는지를 구체적으로 안내할 수 있다. 이를 통해 학생들이 더 쉽게 개념을 이해하고 문제 해결 과정을 논리적으로 따라갈 수 있다.

### 생각 말하기를 하는 방법

- 생각 말하기기의 요소 이해하기
- 상황별 문장 활용하기

생각 말하기(Think-aloud)는 과제를 수행할 때 머릿속으로 떠오르는 생각을 말로 표현하는 방법이다. 흔히 '사고 구술'이라고도 한다.

이 기법은 학생들에게 학습 내용을 명확하게 전달하고, 사고 과정을 구체적으로 보여줄 때 특히 효과적이다. 읽기, 쓰기, 산수와 같은 기초 학습(3R's)을 가르칠 때뿐만 아니라, 과학 실험 절차, 수학 공식 풀이, 문법 규칙 학습 등 명확한 절차와 규칙이 필요한 학습에서도 유용하게 활용할 수 있다.

그뿐만 아니라, 문제 해결 전략을 가르칠 때도 생각 말하기는 효과적인 도구가 된다. 예를 들어, 수학 문제 풀이 전략이나 논설문 작성법을 가르칠 때, 교사가 문제를 분석하고 해결하는 과정에서 자기 사고 과정과 선택 이유를 설명하면, 학생들은 이를 따라 하며 학습 내용을 깊이 이해할 수 있다. 이를 통해 학생들은 배운 내용을 자기 학습에 효과적으로 적용할 수 있다.

## '생각 말하기' 요소 이해하기

생각 말하기를 효과적으로 가르치기 위해서는 먼저 교사가 이를 충분히 익히고 숙달하는 과정이 필요하다. 교사가 직접 시범을 보이며 사고 과정을 말로 표현하면, 학생들은 이를 따라 하면서 자연스럽게 사고하는 방법을 배울 수 있다. 따라서, 생각 말하기를 활용하려면 그 기법이 어떤 요소로 구성되어 있는지 명확히 이해하는 것이 중요하다.

### 1) 문제 및 상황 이해하기(what)

문제를 풀거나 과제를 수행할 때 가장 먼저 해야 할 일은 주어진 문제나 상황이 무엇을 의미하는지 이해하는 것이다. 문제의 맥락을 정확히 파악하는 과정은 문제 해결 방향을 설정하는 데 필수적이다.

생각 말하기를 할 때는 먼저 주어진 문제나 상황을 이해하는 과정을 명확하게 드러내 보여줘야 한다. 앞서 언급한 뺄셈 상황에서, 문제를 이해하는 과정을 생각말하기로 표현하는 예시를 살펴보자.

**예시**

" 이 문제를 풀려면 먼저 무엇을 묻고 있는지 확인해야겠죠? 문제의 핵심을 파악하려면 어떻게 하면 될까요? 맞아요, 문제를 다시 읽어보면 됩니다. 다시 읽어보니 '어느 곳의 오리가 더 많은지'를 묻고 있네요. 여기에서 중요한 단서를 찾을 수 있어요. '더 많은지' 라는 표현에 주의를 기울여야 해요."

> 활용할 수 있는 말

- "과제를 시작하기 전에 가장 먼저 해야할 것은 무엇인가요?"
- "이 문제를 해결하려면 어떤 개념이나 조건을 알아야 하나요?"

### 2) 이유 설명하기 (Why)

문제를 해결하는 과정에서는 왜 이 방법을 선택하는지에 대한 설명이 중요하다. 단순히 정답을 찾는 것이 아니라, 그 과정이 논리적으로 타당한지 이해하는 것이 핵심이다.

> 예시

"한 값이 다른 값보다 얼마나 더 크거나 작은지를 확인하는데에는 뺄셈을 활용할 수 있기 때문이에요."

> 활용할 수 있는 말

- "이 문제를 풀 때 이 방법을 써야 하는 이유는 무엇일까요?"
- "이 방법이 가장 효과적인 이유는 무엇일까요?"

### 3) 언제 적용할지 설명하기 (When)

문제 해결 과정에서 각 전략을 언제 적용해야 하는지 아는 것도 중요하다.

### 예시

"문제는 연못과 땅의 오리의 수를 비교하는 상황이에요. 비교할 때는 뺄셈을 해야 해요."

### 활용할 수 있는 말

- "이 방법을 언제 사용할 수 있을까요?"
- "이 공식을 언제 사용해야 할까요?"

**4) 어떻게 해결할지 추론하기 (How)**

마지막으로, 문제를 해결하는 과정에서 적절한 전략을 추론하는 과정이 필요하다.

### 예시

"이 문제는 그림으로 해결해 볼거예요. 왼쪽에 O 5개, O 3개를 린 후, 좌우에서 하나씩 지워 나갑니다. 남은 개수를 세면 답을 찾을 수 있어요. 2개가 남으니 5-3의 답은 2예요."

### 활용할 수 있는 말

- "이 문제를 해결하기 위해 어떤 단서를 활용할 수 있을까요?"
- "주어진 조건을 활용할 때 어떤 전략이 가장 효과적일까요?"

다음은 일반적인 설명 방식과 생각 말하기를 활용한 방식을 비교한 예시이다.

[ 일반적인 설명 vs 생각 말하기를 활용한 설명 비교 ]

| 일반적인 설명 | 생각 말하기 활용 |
| --- | --- |
| "몇 마리 더 많나요?"라고 물어봤으니까 뺄셈이 되죠. | "이 문제를 풀려면 먼저 무엇을 묻고 있는지 확인해야겠죠? 문제의 핵심을 파악하려면 어떻게 하면 될까요? 맞아요, 문제를 다시 읽어보면 됩니다. 다시 읽어보니 '어느 곳의 오리가 더 많은지'를 묻고 있네요. 여기에서 중요한 단서를 찾을 수 있어요. '더 많은지'라는 표현에 주의를 기울여야 해요."(문제 및 상황 이해하기)<br>"문제는 연못과 땅의 오리의 수를 비교하는 상황이에요. 비교할 때는 뺄셈을 해야 해요."(언제 적용할지 설명하기)<br>"한 값이 다른 값보다 얼마나 더 크거나 작은지를 확인하는데에는 뺄셈을 활용할 수 있기 때문이에요."(이유 설명하기) |
| "연못에 오리 5마리가 있으니까 5를 쓰고, 땅에 3마리가 있으니까 3을 쓰고 5에서 3을 빼면 2가 남으니까 5 빼기 3은 2가 됩니다." | "이 문제는 그림으로 해결해 볼거예요. 왼쪽에 O 5개, O 3개를 그린 후, 좌우에서 하나씩 지워 나갑니다. 남은 개수를 세면 답을 찾을 수 있어요."(어떻게 해결할지 추론하기)<br>"2개가 남으니 5-3의 답은 2예요."<br>"이것을 식으로 표현하면 연못에 있는 오리 5마리가 있으니까 앞에 5를 써요. 땅에 3마리가 있으니까 뒤에 3을 쓸게요. 그리고 결과값을 나타낼 때는 등호를 써줘야 해요. 비교해서 두 마리가 더 많으니까 결과는 2가 되겠네요. 그래서 5-3=2라고 쓸 수 있어요."<br>"다시 한번 정리하면 '더 많은'을 보고 '비교'라는 상황을 알아내서 덧셈이 아니라 뺄셈임을 알았어요. 그리고 연못의 오리 5마리에서 땅의 오리 3마리를 뺐어요. 2가 의미하는 것은 연못의 오리가 땅에 있는 오리보다 2마리가 더 많다는 의미예요" |

먼저, '일반적인 설명'에서는 문제 상황에 대한 맥락 없이 바로 뺄셈

을 해야 한다고 결론만 제시한다. 반면, '생각 말하기 활용'에서는 문제의 요구사항을 파악하는 과정부터 설명한다. 문제를 풀기 전에 무엇을 해야 하는지, 즉 문제를 정확히 이해하는 것이 중요하다고 강조하고, 뺄셈을 해야 하는 이유에 대한 근거를 들어 설명한다.

다음으로, '일반적인 설명'은 결과만 바로 도출하는 방식으로 실행된다. 왜 이러한 방식을 사용했는지에 대한 과정은 생략된 채, 단순히 오리의 수를 적고 뺄셈을 수행하여 2라는 결과를 얻는 형식이다.

반면 '생각 말하기 활용'에서는 문제를 해결하는 구체적인 절차와 사고 과정을 자세히 설명한다. 뺄셈을 해야 한다는 결론에 도달하기 위해 '비교'라는 단서를 활용하여 추론하는 과정을 명확히 제시한다. 이는 왜 뺄셈이 필요한 상황인지 설명하는 과정과 연결된다. 또한, 뺄셈을 수행할 때 '−' 기호를 활용하고, 비교를 통해 남는 값을 확인하는 과정을 구체적으로 보여준다.

### 상황별 문장 활용하기

상황에 따라 '생각 말하기'에 활용할 수 있는 문장을 참고해 보자. 이를 활용하면 생각 말하기를 쉽게 적용할 수 있다.

**1) 예상하기**

앞으로 일어날 일을 추측하고 그 이유를 설명하는 과정이다. 왜 이런 예측을 할 수 있는지 사고하면서, 만약 예측이 틀렸을 경우에도 결과를 예상해 볼 수 있다.

- 활용 문장
  - ~할 것 같아.
  - 다음에 ~ 일이 일어날 것 같아.
  - 만약 ~ 한다면…
  - ~할 가능성이 있어.

### 2) 연결하기

새로운 정보를 기존의 지식이나 경험과 연결하는 과정이다. 과거에 배운 것과 새로 배운 것을 연관 지을 수도 있고, 배운 내용을 새로운 상황에 적용해 볼 수도 있다. 공통점과 차이점을 살펴보며 패턴을 인식하고 속성을 분석하는 데 도움을 준다.

- 활용 문장
  - ~와 비슷하다.
  - ~과 다르다.
  - ~와 관련이 있다.
  - ~가 생각난다. (떠오른다, 기억난다.)

### 3) 질문하기

과제를 해결하는 과정에서 떠오르는 궁금증을 표현하거나, 모호한 부분에 대해 질문하는 과정이다. 질문을 통해 문제를 더 명확히 이해하고, 해결의 실마리를 찾을 수 있다.

- 활용 문장
  - ~가 궁금해.
  - ~를 해결하려면 어떻게 해야 할까?
  - ~이 잘 이해되지 않아. (헷갈려.)
  - ~할 다른 방법이 있을까?
  - 왜 그럴까? (이유가 뭘까?)
  - ~은 왜 중요할까?

### 4) 전략 말하기

문제를 해결하는 과정에서 왜 특정 전략을 선택했는지, 그리고 그 전략이 문제 해결에 어떻게 기여하는지를 설명하는 과정이다.

- 활용 문장
  - 이렇게 하면 더 쉽게 풀 수 있을 것 같아.
  - 먼저 이 부분부터 시작하는 것이 좋겠어.
  - 이런 방법으로 해봐야겠어.
  - 다른 방법으로 해보자.

### 5) 느낌 말하기

학생이 본인 감정을 표현하고, 그 감정이 학습 과정에 어떤 영향을 미치는지 설명하는 과정이다.

- 활용 문장
  - 어렵다.
  - 재미있다.
  - 더 알고 싶다.
  - 흥미롭다.
  - 자신 있다.
  - 잘 해결될 것 같다.

### 6) 요약하기

학습 과정을 돌아보며 정리하는 과정으로, 학습한 내용을 체계적으로 정리하고 기억하는 데 도움이 된다.

- 활용 문장
  - 정리해 보면 ~.
  - 전체적으로 보면 ~.
  - 요약해 보면 ~.
  - 핵심을 짚어보면 ~.

이처럼 상황에 맞는 문장을 활용하면 생각 말하기를 효과적으로 적용할 수 있다.

### 상황별 문장 활용 예시

밑줄 친 부분이 위에서 제시한 상황별 문장을 활용한 예시이다.

| 단순 설명 | 생각 말하기 활용 |
|---|---|
| "몇 마리 더 많나요?"라고 물어봤으니까 뺄셈이 되죠. | "이 문제를 풀려면 먼저 무엇을 묻고 있는지 확인해야겠죠? 문제의 핵심을 파악하려면 어떻게 하면 될까요? (질문하기)<br>맞아요, 문제를 다시 읽어보면 됩니다. (전략 말하기)<br>다시 읽어보니 '어느 곳의 오리가 더 많은지'를 묻고 있네요. 여기에서 중요한 단서를 찾을 수 있어요. '더 많은지'라는 표현에 주의를 기울여야 해요."<br>"문제는 연못과 땅의 오리의 수를 비교하는 상황이에요. 비교할 때는 뺄셈을 해야 해요." (연결하기)<br>"한 값이 다른 값보다 얼마나 더 크거나 작은지를 확인하는데에는 뺄셈을 활용할 수 있기 때문이에요."<br>"이 문제는 그림으로 해결해 볼거예요. 왼쪽에 O 5개, O 3개를 린 후, 좌우에서 하나씩 지워 나갑니다. 남은 개수를 세면 답을 찾을 수 있어요." (전략 말하기)<br>"2개가 남으니 5-3의 답은 2예요." |
| 연못에 오리 5마리가 있으니까 5를 쓰고, 땅에 3마리가 있으니까 3을 쓰고 5에서 3을 빼면 2가 남으니까 5빼기 3은 2가 됩니다." | "이것을 식으로 표현하면 연못에 있는 오리 5마리가 있으니까 앞에 5를 써요. 땅에 3마리가 있으니까 뒤에 3을 쓸게요. 그리고 결과값을 나타낼 때는 등호를 써줘야 해요. (사전 지식과 연결하기)<br> 비교해서 두 마리가 더 많으니까 결과는 2가 되겠네요. 그래서 5-3=2라고 쓸 수 있어요."<br>"다시 한번 정리하면 '더 많은'을 보고 '비교'라는 상황을 알아내서 덧셈이 아니라 뺄셈임을 알았어요. 그리고 연못의 오리 5마리에서 땅의 오리 3마리를 뺐어요. 2가 의미하는 것은 연못의 오리가 땅에 있는 오리보다 2마리가 더 많다는 의미예요." (요약하기) |

### 31. 생각 말하기 통한 이해 돕기

생각 말하기를 할 때는 다음의 핵심 요소를 명확히 이해하고 적용하는 것이 중요합니다. 먼저, 1. 문제 및 상황을 이해하고(What) 2. 언제 적용할지 판단하고(When) 3. 이유를 설명하며(why) 4. 어떻게 해결할지 추론하는(How) 과정을 구체적으로 표현하세요. 또한, 예상하기, 연결하기, 질문하기, 전략 말하기, 느낌 말하기, 요약하기 등 상황별 문장을 적극 활용하여 사고 과정을 명확히 전달해 보세요!

### 성찰 질문

- 생각 말하기가 중요한 이유를 알고 수업에 적용하나요?

# 질문을 통해 깊이 있는 학습으로 이끌기

학생들에게 이유를 묻고, 사실과 개념을 연결하는 질문을 하면 논의를 더 깊이 발전시킬 수 있다. 또한, 예시와 개념을 연관 지어 생각하도록 유도하면, 학생들이 자기 생각을 논리적으로 확장하고 추론하는 능력을 기를 수 있다.

### 상황 1

| | |
|---|---|
| 양 선생님 | (학생 A를 보며) 세운 식을 말해주세요. |
| 학생 A | 식은 4÷3입니다. (학생이 오답을 말했다. 올바른 식은 3÷4이다.) |
| 양 선생님 | 혹시 다르게 식을 세운 사람 있나요? |
| 학생 B | 식은 3÷4입니다. |
| 양 선생님 | 예 좋아요. |

학생이 오답을 말하는 경우, 이를 단순히 틀렸다고 넘기면 배움의 기회가 사라진다. 학생들은 오류를 두려워하여 표현하지 않는 경우가 많기 때문에, 오답을 반갑게 여기고 왜 그렇게 생각했는지 질문할 필요가 있다.

이 경우, 학생이 왜 4 ÷ 3이라는 식을 세웠는지 질문하고, 그 과정을 설명하도록 유도하면 같은 오개념을 가진 학생들도 함께 배울 수 있다. 배움이란 학생의 현재 상황을 이해하고, 그 자리에서 한 걸음 더 나아가도록 돕는 과정이다. 교사는 오답을 출발점으로 삼아 논의를 이어가면서, 학생들이 개념을 깊이 이해할 수 있도록 도와야 한다.

### 상황 2

사회시간 4.19에 대해서 배우는 중이다.

양 선생님     4.19 당시 사람들은 왜 거리로 나왔을까요?
학생 A     대통령에게 분노해서 나왔습니다.
양 선생님     또 말해 볼 사람 있나요?
학생 B     부정선거를 저질러서 거리로 나왔습니다.

학생들이 단답형으로 대답하면 논의가 깊어지지 않고 표면적인 수준에서 머물게 된다. 학생들과 함께 이야기를 나누는 목적은 다양한 생각을 공유하며 깊이 있는 사고를 유도하는 것이다.

이 경우, 교사는 학생들에게 추가 질문을 던져 세부적인 사항을 말하도록 유도해야 한다. 예를 들어,

"부정선거가 어떻게 이루어졌나요?"
"대통령에게 분노한 이유는 무엇인가요?"
"4.19 혁명 이후 어떤 변화가 생겼나요?"

이처럼 학생들이 이유를 설명하고, 개념과 사실을 연결할 수 있도록 질문하면 논의가 풍부해지고, 역사적 사건을 깊이 이해하는 데 도움이 된다.

**상황 3**

양 선생님　민주주의에서 가장 중요한 것은 무엇이라 생각하나요?
학생 A　　표현의 자유라고 생각합니다. 사람에게는 자신이 생각한 것을 표현할 자유가 있기 때문입니다.

학생이 개념적인 답을 했을 때, 이를 더 깊이 이해할 수 있도록 도와야 한다. 이유를 구체적으로 묻거나, 개념을 실제 사례와 연결하도록 유도하면 논의가 확장될 수 있다.

예를 들어,
- "표현의 자유가 중요한 이유는 무엇인가요?"
- "표현의 자유가 제한되었던 역사적 사례를 말해볼까요?"
- "오늘날 표현의 자유가 보장되지 않는 사례에는 어떤 것들이 있을까요?"

이러한 질문을 통해 학생들은 개념을 더 구체적으로 이해하고, 이를 다양한 맥락에서 연결하여 사고할 수 있다.

**깊이있는 학습을 위한 질문 방법**

- 이유 묻기
- 사실과 개념을 연결시키기
- 예시와 개념을 연결시키기

### 이유 묻기 : " 그렇게 생각한 이유를 말해줄 수 있나요?"

추론하기는 고차적인 사고력을 기르는 핵심 요소이다. 주장에 따른 근거를 정당화하는 과정에서 논리적 사고력을 기를 수 있다. 따라서 깊이 있는 학습을 위해서는 학생들이 자기 생각에 대해 이유를 말하도록 유도하는 것이 중요하다.

정답을 말할 때도 이유를 설명하는 것이 필요하지만, 오답일 경우에도 그 이유를 설명하게 해야 한다. 오답을 단순히 틀렸다고 넘기는 것이 아니라, 왜 그렇게 생각했는지 질문하면 학생 스스로 오류를 점검할 기회를 가질 수 있다. 오답에서 정답으로 나아가는 과정을 통해 배움이 이루어진다.

**오답을 다룰 때 학생의 불안을 낮춰주는 말하기**
- "정말로 궁금해서 그래요."
- "A의 생각을 듣는 게 큰 도움이 돼요."

### 예시

교사   (학생 A를 보며) 세운 식을 말해주세요.

학생 A   식은 4÷3입니다.

교사   그렇게 식을 세운 이유를 말해줄 수 있나요?

학생 A   ……

교사   정말로 궁금해서 그래요. A의 생각을 말해주면 우리가 함께 배우는 데 큰 도움이 될 거예요. (학생이 생각을 정리할 시간을 충분히 기다려 준다.)

학생 A   보통 나눗셈을 보면 큰 수가 앞에 나오고 작은 수가 뒤에 나와서 4÷3이라고 썼습니다.

이처럼 학생이 오답을 말했을 때, 그 과정에서 어디서 오류가 발생했는지를 함께 탐색하는 과정이 필요하다. 교사는 이 정보를 바탕으로 학생의 이해를 돕고, 개념을 명확히 지도할 수 있는 단서를 얻게 된다.

### 사실과 개념을 연결시키기 : " 어떤 관련이 있나요?"

학생들이 깊이 있는 사고를 하기 위해서는 사실과 개념을 연결하여 개념을 정당화하고 일반화하는 과정이 필요하다. 역사적 사건이나 사회적 개념을 학습할 때, 개별 사실을 나열하는 것이 아니라, 그 사실들이 어떻게 연결되는지 고민하게 하면 학습이 깊어진다.

**예시** (4.19 혁명을 배우는 수업에서)

교사　4.19 당시 사람들은 왜 거리로 나왔을까요?
학생 A　대통령에게 분노해서 나왔습니다.
교사　또 말해 볼 사람 있나요?
학생 B　부정선거를 저질러서 거리로 나왔습니다.
학생 C　김주열 학생이 죽어서 거리로 나왔습니다.
교사　그렇다면 '대통령에 대한 분노, 부정선거, 김주열 학생의 죽음'과 '사람들이 거리로 나온 이유'는 어떤 관련이 있을까요?
학생 D　권력을 연장하기 위해 헌법을 뜯어고치고, 부정선거가 부당함을 주장하는 사람들에게 총을 겨눴어요. 김주열 같은 학생이 죽었고, 정부는 이를 숨기기 위해 시신을 바다에 빠뜨렸어요. 사람들은 이러한 상황에 분노해서 거리로 나왔어요.

이처럼 학생들이 단순한 사실을 나열하는 것에서 벗어나, 개념과 연결하여 설명할 수 있도록 유도하면 논의가 깊어진다.

### 예시와 개념을 연결시키기: " 예를 들어줄 수 있나요?"

개념을 실제 사례와 연결하면 학생들은 더 깊은 사고를 할 수 있다. 특히, 추상적인 개념을 다룰 때는 구체적인 예시를 떠올리도록 유도하는 것이 효과적이다.

**예시** (민주주의 개념을 배우는 수업에서)

교사　민주주의에서 가장 중요한 것은 무엇이라 생각하나요?

학생 A　표현의 자유라고 생각합니다. 사람에게는 자신이 생각한 것을 표현할 자유가 있기 때문입니다.

교사　표현의 자유가 왜 중요한가요? 표현의 자유를 억압한 사례를 예로 들어줄 수 있나요?

학생 B　'보도지침'이 있었어요. 정부가 언론사에 보도할 내용을 강제했기 때문에 국민들은 제대로 된 정보를 알기 어려웠어요.

이처럼 개념을 실생활과 연결할 수 있는 예시를 제시하면, 학생들은 개념을 구체적으로 이해할 수 있다. 또한, 자기 생각을 뒷받침할 근거를 마련하는 연습이 되어 논리적 사고력이 향상된다.

### 32. 질문을 통해 깊이 있는 학습으로 이끌기

질문을 활용하면 학생들이 자기 생각을 정리하고 이유를 설명하며, 개념과 사실을 연결하는 과정을 통해 논의를 확장할 수 있어요. 학생의 답변에 추가 질문을 던지고, 개념과 사례를 연계하도록 유도하면 사고가 깊어집니다. 다양한 질문 전략을 활용해 학생들이 개념을 구체화하고 논리적으로 사고할 수 있도록 도와주세요!

### 성찰 질문

· 이유를 물으며 학생이 추론적 사고를 하게 하나요?
· 사실과 개념, 예시와 개념을 연결시키며 깊이 있는 학습으로 이끄나요?

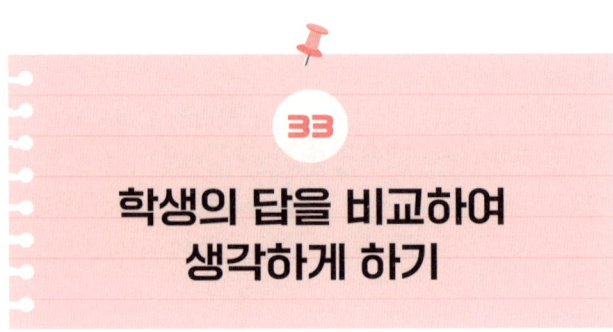

# 33
# 학생의 답을 비교하여 생각하게 하기

전통적인 교육 방식에서 학생들은 교사가 제시하는 정답을 듣고 받아들이는 데 익숙하다. 그러나 깊이 있는 학습이 이루어지려면, 단순히 정답을 받아 적는 것에서 벗어나야 한다.

다른 학생들의 답과 자신의 답을 비교하며 차이를 분석하고, 이를 통해 더욱 정교한 답안을 만들어가는 과정이야말로 더 깊이 있는 배움을 이끌어낼 수 있다.

정답을 그대로 받아 적는 것은 사고를 요구하지 않지만, 자신의 생각과 타인의 생각을 비교하고 조정하며 정돈된 답안을 만들어가는 과정은 고차원적인 사고를 필요로 한다.

**상황**

정 선생님은 학생들에게 학습지를 제공하고 문제를 풀게 한 뒤, 정답을 확인하는 시간을 가졌다. 학생들이 정답을 발표하면, 선생님은 이를 확인해 주었고, 다른 학생들에게도 해당 정답을 받아 적게 한 후 다음 문제로 넘어갔다.

그러나 학생들이 정답을 받아 적었다고 해서 반드시 그 개념을 온전히 이해했다고 볼 수 있을까?

이를 이해하기 위해 '물고기는 물고기야'라는 그림책의 내용을 살펴보자.

한 연못에 물고기와 올챙이가 함께 살고 있었다. 올챙이는 개구리가 되어 육지로 떠났다가 다시 돌아와 육지에서 본 것들을 설명했다. 예를 들어, 개구리가 인간을 설명하면 물고기는 물고기에 다리가 달린 형상을 떠올렸고, 소를 설명하면 뿔이 달린 물고기를 떠올렸다. 결국, 개구리가 설명한 내용을 물고기는 온전히 이해하지 못한 것이다.

그렇다면 개구리는 어떻게 하면 물고기가 더 잘 이해하도록 도울 수 있을까?

물고기 스스로 이해한 내용을 그림이나 말로 표현하게 하면 된다. 예를 들어, 물고기가 인간을 물고기 모양에 다리가 달린 모습으로 그린다면, 개구리는 그것을 보고 정확한 모습을 설명해주며 수정할 수 있다.

학생들도 마찬가지다. 교사가 일방적으로 설명하는 것만으로는 학생들이 정확한 개념을 습득했다고 보기 어렵다. 학생들이 진정으로 학습 내용을 이해하도록 하려면, 자기 답을 표현하게 하고 이를 비교하며 수정하는 과정이 필요하다. 학생들이 서로의 답을 공유하고 논의하는 과정에서 오개념을 수정하고, 개념을 보다 정확하게 구성할 수 있기 때문이다.

### 학생의 답을 비교하여 생각하게 하기 방법

- 과제 제시하기
- 판서 혹은 게시하기
- 비교하며 생각하기

학생들이 서로의 답을 비교하며 사고를 확장할 수 있도록 지도하는 과정은 다음과 같은 순서로 실행된다.

과제 제시하기 → 판서 혹은 게시하기 → 비교하며 생각하기

### 과제 제시하기

학생들이 서로의 답을 비교하며 생각을 확장할 수 있도록, 다양한 풀이 과정이 존재하는 과제를 활용한다. 이 방법은 정답이 하나로 정해져 있지만 다양한 접근 방식이 가능한 문제 또는 정답이 없지만 모범 답안이나 예시 답이 존재하는 문제에 적합하다.

#### 과제 예시

- **정답이 있지만 다양한 풀이 과정이 가능한 문제**
  수학 과제 : 고속열차가 일정한 빠르기로 4분 동안 3km를 달렸습니다. 1분 동안 달린 거리는 몇 km입니까?

- **정답이 아닌 모범 답안이 있는 과제**
  국어 과제 : 글을 읽고 주요 사건을 정리하시오.

사회 과제 : '로자 파크스'의 이야기를 읽고 로자 파크스가 보장받지 못한 권리가 무엇인지 찾으시오.

### 판서 혹은 게시하기

학생들의 답안을 비교하려면 눈에 보이도록 시각적으로 정리하는 것이 중요하다. 가장 간단한 방법은 교사가 학생들의 답변을 칠판에 판서하는 것이다. 또 다른 방법으로, 학생들이 직접 자석 화이트보드나 포스트잇에 답을 작성하여 칠판에 부착하는 방식을 활용할 수도 있다. 이렇게 하면 학생들이 다양한 답안을 한눈에 비교할 수 있어, 서로의 생각을 분석하고 토론하는 과정이 자연스럽게 이루어진다.

### 비교하며 생각하기

학생들이 서로의 답안을 비교하며 논의하는 과정은 단순히 정답을 맞히는 것 이상으로 중요한 의미를 가진다. 자기 풀이 과정을 설명하고, 친구들의 접근 방식을 이해하며, 다양한 시각에서 문제를 바라볼 수 있기 때문이다. 이를 통해 문제 해결 능력, 논리적 사고력, 비판적 사고력, 소통 능력 등 학습에 필수적인 여러 역량을 함께 키울 수 있다.

## 1. 수학에서의 비교하기

수학 문제를 해결하는 과정에서 학생들은 다양한 접근 방식을 활용할 수 있다. 예를 들어, 다음과 같은 문제를 해결하는 방법을 비교해 보자.

문제 : 고속열차가 일정한 속도로 4분 동안 3km를 달렸습니다. 1분 동안 달린 거리는 몇 km입니까?

학생들이 제시한 풀이 방법

방법 1     $3 \div 4 = 3 \times \dfrac{1}{4}$

방법 2     $3 \div 4 = 1.5 \div 2 = 0.75$

방법 3     $3 \div 4 \rightarrow 3 \times 10 \div 4 = 7.5 \rightarrow 7.5 \div 10 = 0.75$

방법 4     $3 \div 4 = (1+1+1) \div 4 = 1 \div 4 \times 3 = 0.25 \times 3 = 0.75$

이처럼 같은 문제를 다양한 방법으로 풀 수 있다. 학생들이 서로의 풀이 과정을 비교하면서, 어떤 방법이 가장 효율적인지, 왜 그렇게 접근했는지를 논의하도록 유도하면 개념에 대한 이해가 깊어진다.

## 2. 국어에서의 비교하기

국어에서는 주요 사건을 정리하는 과제에서 학생들이 표현의 차이를 비교할 수 있다. 예를 들어, 한 모둠은 "채민이의 나쁜 과거", 다른 모둠은 "채민이가 학대를 당한 비밀"이라고 정리했다.

답안 비교 : 채민이의 나쁜 과거 vs 채민이가 학대를 당한 비밀

첫 번째 표현은 의미가 모호하고 구체적인 정보를 제공하지 않는다. 반면, 두 번째 표현은 '학대'라는 명확한 단어를 사용하여 사건의 본질을 정확하게 전달하고, '비밀'이라는 단어를 통해 이야기의 핵심 요소를 강조하고 있다. 이런 차이를 교사가 직접 설명하는 대신, 학생들이 스스로 발견하고 비교하도록 유도하는 것이 중요하다. 예를 들어, 다음과 같은 질문을 던질 수 있다.

- "두 답변 중 어떤 표현이 사건을 더 명확하게 전달하나요?"
- "어떤 표현이 독자가 이해하기 쉬울까요? 이유는 무엇인가요?"

이처럼 학생들에게 직접 사고할 기회를 제공하면, 언어 사용에 대한 감각을 기르고 보다 정확하고 효과적인 표현을 선택하는 능력을 키울 수 있다.

### 3. 사회에서의 비교하기

사회 과목에서는 같은 사건을 바라보는 다양한 시각을 비교하는 활동이 중요하다. 예를 들어, '로자 파크스 사건'과 관련하여 학생들에게 다음과 같은 질문을 제시할 수 있다.

질문: 로자 파크스가 보장받지 못한 권리는 무엇인가?

학생들이 제시한 답변
- 흑인의 자유권을 보장하지 않았다.
- 국민이 자유롭게 자리에 앉을 권리를 보장하지 않았다.

- 흑인이 차별받지 않고 살 권리를 보장하지 않았다.
- 잘못된 법을 지키지 않을 권리를 보장하지 않았다.

어떤 현상이나 문제에 대해 여러 사람의 의견을 비교·분석할 때, 공통점과 차이점을 찾는 것은 사고를 확장하는 데 매우 효과적이다. 위 답변을 살펴보면, 모두 특정한 상황에서 인간의 기본적인 권리가 제대로 지켜지지 않았다는 문제의식을 공유하고 있다. 즉, 누구나 누려야 할 권리가 침해되었다는 점에는 모두 동의하고 있는 것이다. 하지만 학생들마다 어떤 권리가 침해되었는지에 대한 해석이 다르다.

**비교 분석**
- '자유권 침해'라고 답한 학생들은, 개인이 자유롭게 행동할 수 있는 권리가 억압되었다고 보았다.
- '차별받지 않을 권리 침해'라고 답한 학생들은, 특정 집단(흑인)이 차별당했다는 점을 강조했다.
- '잘못된 법을 지키지 않을 권리'라고 답한 학생들은, 부당한 법에 대한 저항권의 관점에서 해석했다.

이러한 답안을 비교·분석하는 과정에서, 학생들은 어떤 기준으로 권리를 해석할 수 있는지, 같은 사건도 다양한 시각에서 바라볼 수 있다는 점을 배우게 된다. 또한, 다른 친구들의 생각을 들으며 자기 사고방식을 확장하는 기회를 얻을 수 있다.

### 33. 학생의 답을 비교하며 생각하게 하기

학생들이 다양한 답안을 비교하고 서로의 생각을 공유하도록 유도하면 더 깊이 있는 학습과 사고 확장이 이루어집니다. 과제의 결과물을 눈에 보이게 정리(시각화)하고, 질문을 통해 답변 간 차이를 분석하며 학습을 풍부하게 만들어 보세요!

**성찰 질문**

- 다양한 답을 서로 비교하도록 하여 깊이있는 학습을 하도록 이끄나요?

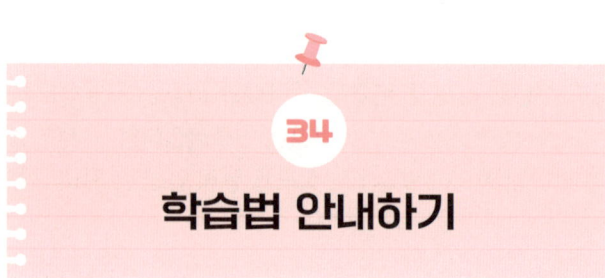

## 34
## 학습법 안내하기

교사가 효과적인 학습 방법을 안내하면 학생들은 수업 내용을 더욱 능동적으로 받아들이고, 자신의 것으로 만들 수 있다. 특히 적극적 듣기, 교과서 읽기, 필기법과 같은 학습 전략을 체계적으로 익히면, 단순한 암기를 넘어 깊이 있는 이해로 나아갈 수 있다.

### 상황

민성이는 평범한 학생이다. 학급 규칙을 잘 지키고 수업 시간에 시키는 것을 잘한다. 수업은 매일 듣는 것이기에 특별히 튀지만 않으면 무난히 지나간다. 하지만 교과서는 볼 때마다 어렵다. 내용이 나와 무관하게 나열된 것처럼 느껴져 집중하기 힘들다.

민성이는 수업을 듣고 있지만 수동적으로 학습하는 태도를 가지고 있다. 교사의 설명을 그저 듣기만 할 뿐, 적극적으로 학습하려 하지 않는다. 그러나 우리의 뇌는 적극적으로 학습할 때 더 효과적으로 기억한다.
학생들은 종종 교과서를 모든 단어가 동일한 중요도를 가진 텍스트로 여긴다. 그러나 교과서는 중요한 개념이 강조되는 방식으로 구성되어 있다. 학생들에게 교과서를 읽는 방법을 안내하면, 단순한 수동적 읽기가 아니라 핵심을 파악하는 능력을 키울 수 있다.

현수는 수업 시간에 필사적으로 집중한다. 선생님이 말하는 것을 빠짐없이 받아 적는다. 심지어 선생님의 농담까지도 필기할 정도로 열심이다.

모든 내용을 필기하는 것이 과연 효과적인 학습 방법일까?
현수처럼 모든 내용을 받아 적는 데 집중하면, 정작 중요한 내용을 파악할 기회가 줄어든다. 무엇이 핵심인지 고민할 시간이 없기 때문이다. 또한, 선생님의 말을 그대로 받아 적는 것은 단기기억을 활성화할 뿐, 장기기억에는 효과적이지 않다.
필기의 목적은 정보를 기록하는 것뿐만 아니라, 내용을 기억하고 이해하는 데 있다. 그러나 현수는 필기에만 집중한 나머지, 정작 수업 내용을 깊이 이해하지 못하고 있다.

성필이는 선생님이 중요한 내용을 적으라고 하면 이렇게 반문한다.
"문제집에 요약 정리되어 있는데, 굳이 필기해야 하나요?"

성필이는 이미 정리된 자료(문제집, 요약집 등)가 있으므로 필기가 불필요하다고 생각한다. 하지만 학습 내용을 효과적으로 기억하려면 스스로 정리하고 인출하는 과정이 필수적이다.
학습 내용은 핵심 개념을 중심으로 체계적으로 구성되어 있다. 중요한 개념을 중심으로 세부 사항이 연결되는 구조를 이해해야 학습이 효과적이다. 문제집의 요약, 정리는 잘 정리된 자료일 수 있지만, 그것은 남이 만든 체계일 뿐, 학생이 직접 정리한 것이 아니다.

기억을 오래 유지하는 가장 효과적인 방법은 정보를 반복해서 인출하는 것이다. 뢰디거와 카픽(Roediger & Karpicke, 2007)의 연구에 따르면, 스스로 정리하고 인출하는 과정이 장기기억을 강화하는 핵심 전략이라고 한다.

### 학습법 안내하기 방법

- 선생님 말씀에 집중하며 적극적으로 듣기
- 교과서 읽는 법 알려주기
- 필기하는 법 알려주기

학생들이 능동적으로 학습에 참여하려면, 왜 적극적으로 학습해야 하는지, 어떻게 하면 효과적으로 학습할 수 있는지를 알려주는 것이 중요하다. 교사는 수업을 집중해서 듣는 법, 교과서를 효과적으로 읽는 법, 필기하는 법을 체계적으로 안내함으로써 학생들이 올바른 학습 습관을 형성할 수 있도록 도와야 한다.

### 선생님 말씀에 집중하며 적극적으로 듣기

수업 시간에 교사의 설명은 중요한 학습 정보이며, 핵심 내용을 파악할 수 있는 단서가 담겨 있다. 따라서 학생들은 선생님의 말을 집중해서 듣고, 중요한 내용을 선별하는 능력을 길러야 한다.

### 선생님의 말씀에서 중요한 내용을 찾는 방법

- 반복해서 말하는 내용 → 강조된 부분이므로 중요한 개념일 가능성이 크다.
- "이건 중요해요!"라고 직접 언급하는 내용 → 시험에 출제될 가능성이 높다.

### 학생들에게 강조할 내용

"수업에서 다루는 내용은 점점 많아질 거예요. 그 많은 내용을 다 기억하는 것은 어렵습니다. 그래서 우리는 중요한 내용과 그렇지 않은 내용을 구분할 줄 알아야 해요. 선생님이 중요한 내용을 강조할 때 반복해서 말할 거예요. 또는 '이건 중요하다'고 직접 말할 수도 있어요. 이런 단서를 놓치지 않고 집중해서 듣는 것이 중요한 학습 전략입니다!"

## 교과서 읽는 법 알려주기

학생들이 교과서를 효과적으로 활용할 수 있도록, 구조를 파악하는 방법과 핵심 내용을 찾는 법을 익히게 한다.

### 1) 단원의 목차와 제목 살펴보기

학생들에게 던질 수 있는 질문

- 이번 단원의 핵심 내용을 어디에서 찾을 수 있을까요?
- 이 단원은 어떻게 구성되어 있나요?
- 단원의 제목과 목차를 보면 어떤 내용이 나올 것 같나요?

교사의 역할

단원의 구조를 미리 살펴보도록 유도하면, 학생들은 학습의 큰 그림을 그릴 수 있다. 이를 통해 새로운 내용을 접할 때도 전체적인 맥락 속에서 이해하는 능력이 길러진다.

### 2) 교과서에서 핵심 내용 찾기

학생들에게 연습시키는 질문

- "오늘 배울 내용은 무엇인가요?" → 제목을 통해 핵심 내용을 예측하도록 한다.
- "이번 시간에 배울 중요한 내용은 교과서에서 어떻게 표현되어 있을까요?" → 큰 글자, 밑줄, 굵은 글씨, 박스 처리된 내용이 중요한 단서임을 알게 한다.
- "사진이나 그림은 왜 제시되어 있을까요?" → 그림과 도표는 중요한 내용을 시각적으로 정리한 자료라는 점을 강조한다.

교사의 역할

학생들이 교과서의 구조적 요소(제목, 큰 글자, 밑줄, 그림 등)를 활용하는 방법을 익히도록 지도하면, 스스로 핵심 내용을 선별하여 정리하는 능력을 키울 수 있다.

## 필기하는 법 알려주기

### 1) 필기의 목적: "기억을 돕는 것"

필기의 가장 중요한 목적은 학습 내용을 효과적으로 기억하는 것이다.

단순히 교사의 말을 그대로 적거나 교과서 내용을 옮겨 쓰는 수동적 필기만으로는 기억에 큰 도움이 되지 않는다. 중요한 것은 내용을 이해하고 구조화하며, 핵심을 정리하는 과정이다. 이러한 능동적 필기는 기억력을 향상시키고, 배운 내용을 장기적으로 유지하는 데 중요한 역할을 한다는 점을 학생들에게 강조해야 한다.

**2) 효과적인 필기법 가이드**
① 필기에 집중할지, 이해에 집중할지 선택하기
- 새로운 개념을 배울 때는 이해하는 것에 집중하고, 핵심 내용만 간단히 필기한다.
- 중요한 개념이 세부적으로 설명될 때는 빠르게 받아 적으며 정리한다.
- 필기만 하느라 수업 내용을 이해하지 못하는 것은 비효율적이라는 점을 인지시킨다.

② 필기할 때 나의 표현으로 바꿔 쓰기
- 수업 내용을 그대로 받아 적으면 기억에 남기 어렵다.
- 스스로 이해한 내용을 자기 말로 정리하면 기억에 오래 남는다.
- 학생들에게 자기 표현으로 다시 정리해보는 연습을 시킨다.

교사의 안내 예시

"선생님이 설명한 내용을 그대로 베껴 적지 말고, 여러분의 말로 다시 써 보세요. 뇌는 적당한 인지적 노력이 있을 때 더 잘 기억하도록 프로그램되어 있어요. 조금 어렵더라도 스스로 생각하며 정리하는 것이 훨씬 효과적이에요!"

### 34. 학습법 안내하기

학생들이 수업을 능동적으로 듣고, 교과서를 효과적으로 활용하며, 필기를 전략적으로 할 수 있도록 지도하면 학습 성과를 크게 향상시킬 수 있어요. 중요한 내용을 선별하며 듣기, 교과서의 핵심 내용 파악하기, 자기 말로 정리하는 필기법 등을 연습할 수 있도록 도와주세요!

**성찰 질문**

- 학생에게 적극적 듣기, 교과서 읽는 법, 필기법 등의 학습법을 안내하고 활용하게 하나요?

### Tip

**학년별 필기 지도 전략**

『공부하고 있다는 착각』에서는 수업과 필기에 필요한 정신적 과정이 복잡하다고 설명한다. 필기를 하면서 학생들은 다음과 같은 과정을 동시에 수행해야 한다.

- 수업 내용을 듣고 집중하기
- 이해한 내용을 중요도에 따라 판단하기
- 핵심 내용을 요약하며 필기하기
- 교사의 설명과 자기 필기 내용을 번갈아 보며 주의 집중 유지하기

이처럼 필기는 단순한 기록이 아니라, 여러 가지 인지적 과정이 동시에 이루어지는 복합적인 활동이다. 하지만 학생들이 이러한 과정을 자연스럽게 익히고 잘 할 것이라고 기대하는 것은 착각이다. 따라서 교사는 학생들의 발달 수준에 맞춰 체계적으로 필기하는 법을 알려주어야 한다. 단순히 받아 적는 것이 아니라, 효율적으로 필기하는 방법과 사고 과정을 함께 지도하는 것이 중요하다.

### 초등 1~4학년
스스로 필기하기보다는 중요한 내용을 교사가 반복해주며 익히게 하는 것이 낫다. 초등학생 시기는 학습지의 빈칸을 채우는 방식으로 필기를 경험하는 시기이다.

### 초등 5~6학년
핵심 낱말을 제시해 주고 학생들이 스스로 자신이 배운 것을 정리해 보는 시간을 갖는 것이 좋다. 점차 학습지나 그래픽 오거나이저와 같은 보조 자료 없이 필기를 연습해야 한다. 코넬식 필기법이나 마인드맵을 활용하도록 하는 것도 좋은 방법이다.

### 중학교
중학생 시기에는 자신에게 가장 적합한 필기 기술을 찾기 위해 다양한 노트 작성 전략을 시도해야 한다.

### 고등학교
고등학교에서는 자동으로 노트필기를 하며 자신만의 노트 작성 전략을 갖는 것이 좋다.

## 생각해 보기

다음 표를 보며 깊이 있는 학습을 하기 위해 교사가 하고 있는 것을 살펴보세요.

| 전략 | 체크 할 내용 | 체크 |
|---|---|---|
| 30<br>큰 그림을<br>제시하여 이해 돕기 | 단원 도입 시 큰 그림을 확인하나요? | |
| | 차시 수업과 단원을 연결하나요? | |
| | 차시 수업의 큰 그림을 확인하나요? | |
| 31<br>생각 말하기를<br>통한 이해 돕기 | 생각 말하기가 중요한 이유를 알고 수업에 적용하나요? | |
| 32<br>질문을 통해<br>깊이 있는<br>학습으로 이끌기 | 이유를 물으며 학생이 추론적 사고를 하게 하나요? | |
| | 사실과 개념, 예시와 개념을 연결시키며 깊이 있는 학습으로 이끄나요? | |
| 33<br>학생의 답을 비교하며<br>생각하게 하기 | 다양한 답을 서로 비교하도록 하여 깊이 있는 학습을 하도록 이끄나요? | |
| 34<br>학습법 안내하기 | 학생에게 적극적 듣기, 교과서 읽는 법, 필기법 등의 학습법을 안내하고 활용하게 하나요? | |

**성찰 질문**

- 잘 하고 있는 점과 개선하고 싶은 점은 무엇인가요?
- 제시된 전략 이외에 더 할 수 있는 것은 무엇인가요?

# 2장
# 이해를 돕는 평가하기

    학생들의 학습 상태를 면밀히 파악하고 이를 바탕으로 수업을 조율하는 것은 효과적인 학습 환경을 조성하는 데 필수적인 요소이다. 이 장에서는 학생들의 이해를 돕고 학습 과정을 평가하며, 수업의 방향을 유연하게 조정할 수 있는 다양한 전략을 소개한다.

    평가와 피드백은 단순히 성적을 매기는 것이 아니라, 학생들의 학습 경험을 풍부하게 하고, 개별적인 필요를 파악하여 적절한 지원을 제공하는 중요한 과정이다. 이를 위해 교사는 학생들의 표정과 행동을 세심하게 관찰하거나 간단한 질문을 통해 학습 상태를 파악하고, 이에 따라 수업을 조정할 수 있다. 또한, 학생들이 학습 내용을 효과적으로 기억하고 활용할 수 있도록 인출기법을 활용하며, 모든 학생이 수업에 적극적으로 참여하고 이해도를 고르게 점검할 수 있도록 무작위 지명 기법을 도입하는 방법도 유용하다.

    이 장에서 다룰 전략들은 학생들의 학습 상태를 보다 정확히 이해하고, 이를 바탕으로 수업을 조율하며, 궁극적으로 학습 목표를 효과적으로 달성할 수 있도록 돕는 데 초점을 맞춘다.

    이제, 학생들의 학습을 지원하고 평가를 효과적으로 수행하는 방법들을 구체적으로 살펴보자.

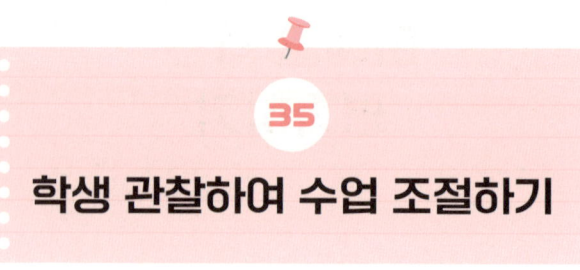

# 학생 관찰하여 수업 조절하기

학생들의 학습을 효과적으로 지원하려면, 교사는 수업 중에 학생들이 얼마나 집중하고 있는지, 내용을 이해하고 있는지, 그리고 어떤 어려움을 겪고 있는지를 파악해야 한다. 이를 바탕으로 학생들의 학습 상황에 맞춰 수업을 유연하게 조정하는 것이 중요하다.

**상황**

양 선생님은 경제 환경에 관해 설명한 후, 학생들의 반응을 살폈다. 그러나 학생들의 표정에서 이해가 부족하다는 기색이 느껴졌다. 더 확실히 확인하기 위해 양 선생님은 질문을 던졌다.

"지금 설명한 내용을 이해했나요?"

한두 명의 학생이 자신 있게 "네!"라고 대답했다. 또 몇몇 학생들은 "네"라고 하긴 했지만, 목소리나 표정이 불안해 보였다. 나머지 학생들은 교사의 시선을 피하거나 무심한 표정을 짓고 있었다.

양 선생님은 학생들의 반응을 보고 내용을 완전히 이해하지 못한 학생들이 많다고 판단했다. 이러한 상황에서 교사가 직접 질문을 던지는 것은 자연스럽지만, 모든 학생이 적극적으로 대답하는 것은 아니다. 특히 내성적인 학생이나 수업 내용을 어렵게 느끼는 학생들은 쉽게 입을 열지 못하는 경우가 많다.

위와 같이 몇몇 학생만 대답하는 상황에서는 교사가 학급 전체의 이해도를 정확히 파악하기 어렵다. 대답한 학생들만 이해한 것인지, 아니면 다른 학생들도 어느 정도 이해하고 있지만 표현하지 못하는 것인지 확인할 필요가 있다. 이럴 때는 학생들이 자기 이해 정도를 명확하게 드러낼 수 있도록 유도하는 방법이 필요하다.

### 학생 관찰하여 수업 조절하는 방법

- 표정, 몸짓, 시선 관찰하기
- 손들게 하여 이해도 확인하기
- 수업 조절하기

효과적인 수업은 단순히 교사가 정해진 내용을 일방적으로 전달하는 것이 아니다. 수업은 학생들의 학습 상태를 면밀히 파악하고, 이에 맞춰 유연하게 조정하며 실행해야 한다. 이러한 과정에서 가장 중요한 요소 중 하나가 바로 교사의 '수업 조절 능력'이다.

교사는 학생들의 심리적 상태와 학습 이해도를 고려하여 수업을 조정함으로써 학생들이 내용을 더 잘 이해하고 적극적으로 참여할 수 있도록 도울 수 있다. 학생들의 반응을 세심히 살피고, 이해도를 확인하며, 필요에 따라 수업의 속도나 방식에 변화를 주는 것이 중요하다.

### 표정, 몸짓, 시선 관찰하기

학생들의 표정, 몸짓, 시선을 관찰하는 것은 학생들의 심리적 상태와 학습 참여도를 파악하는 중요한 방법이다. 교육학자 제임스 맥밀란(James H. McMillan)은 그의 저서 《교실 평가의 원리와 실제》에서 비언어적 행동 관찰의 중요성을 다음과 같이 강조했다.

"얼굴은 감정이 가장 먼저 드러나는 곳이며 왜곡이 거의 일어나지 않는다."

비언어적 행동 관찰을 통해 교사는 학생들이 수업에 집중하고 있는지, 이해하지 못했는지, 혹은 흥미를 잃었는지를 확인할 수 있다.

**학생들의 표정을 통해 파악할 수 있는 심리적 상태**
- 집중하는 표정 : 눈을 크게 뜨거나, 생각하느라 이마를 살짝 찌푸린다.
- 혼란스러운 표정 : 눈썹을 올리거나, 고개를 갸우뚱하며 주변을 두리번거린다.
- 지루해하는 표정 : 눈꺼풀이 처지고, 시선을 다른 곳으로 돌리거나 하품을 한다.
- 자신감 없거나 무관심한 자세 : 교사의 시선을 피하거나 책상 바닥을 본다. 의자에 몸을 기대거나 엎드린다.

이러한 관찰을 바탕으로 교사는 수업을 조정하여 학생들이 몰입할 수 있도록 도울 수 있다.

### 손을 들게 하여 학생 이해도 확인하기

학생들의 상태를 비언어적 행동 관찰만으로 파악하기 어려울 때는, 직접 이해도를 물어보는 방법이 효과적이다. 손을 들어 이해도를 표현하도록 하면 학생들이 자기 상태를 쉽게 표현할 수 있으며, 교사도 학급 전체의 학습 상태를 빠르게 파악할 수 있다.

**손들기 방법 예시**

1) 질문하기
"지금 설명한 내용을 이해했나요?"

2) 방법 안내하기
"손을 들어서 자기 이해도를 표현해 주세요. 다음 세 가지 중 하나를 선택하세요."
 1번 : 친구에게 설명할 수 있어요.
 2번 : 혼자서는 이해했어요.
 3번 : 잘 모르겠어요.

3) 손들기 실행하기
각 번호별로 손을 들게 한 후, 인원수를 확인하여 전체적인 이해도를 분석한다.

이 방법을 활용하면 교사가 단순한 구두 질문보다 학생들의 반응을 명확하게 파악할 수 있으며, 수업을 적절히 조정하는 데 도움이 된다. 또한, 엄지손가락을 위(이해함), 옆(조금 모름), 아래(잘 모름)으로 표현하게 하는 방식 등 다양한 변형 방법도 적용할 수 있다.

### 수업 조절하기

수업 조절은 학생들의 이해도와 학습 상황을 파악하고, 그것에 맞게 수업의 흐름과 방법을 변화시키는 것을 의미한다. 이는 교사가 학생들의 다양한 학습 속도, 관심사, 심리적 상태에 민감하게 반응함으로써 학습 효과를 높이는 데 중요한 역할을 한다. 아래는 상황에 따라 수업을 조절하는 예시이다.

**1) 학생들의 이해도가 낮을 때**

- 다시 설명 : 비유나 실생활 사례를 활용하여 개념을 쉽게 전달

**[비유를 활용한 예시]**

| 기존 설명 | 비유를 활용하여 다시 설명 |
|---|---|
| 정부는 국민을 위해 여러 가지 역할을 수행한다. 예를 들어, 법과 질서를 유지하고, 경제를 조정하며, 교육, 복지 등 다양한 공공서비스를 제공한다. | 정부는 축구 경기의 심판과 같아요. 심판이 없다면 경기가 엉망이 될 수 있겠죠. 누군가 반칙을 해도 아무도 막지 않으면 공정한 경기가 되지 않아요. 정부도 마찬가지로, 사람들이 법을 잘 지키도록 관리하고, 모두가 공평한 기회를 얻을 수 있게 조정하는 역할을 해요. 심판이 경기를 원활하게 실행하도록 돕는 것처럼, 정부는 사회가 잘 운영되도록 돕는 거예요. |

- 소그룹 활동 : 학생들이 짝이나 모둠을 지어 서로 설명하도록 유도

  예시 "옆 친구와 방금 배운 내용을 2분 동안 서로 설명해 보세요."

### 2) 학생들이 지루해하거나 관심이 떨어질 때
- 참여 유도 : 간단한 질문을 던져 학생들의 관심을 집중시킴

  예시 1 "여러분은 이 내용이 우리 생활에 어떻게 쓰일 수 있을지 생각해 본 적 있나요? 한 가지씩 이야기해봅시다."

- 수업 방식 전환 : 강의형에서 학생 참여형 수업으로 변경

  예시 2 "지금부터 모둠으로 나눠서 이 문제를 해결하는 방법을 찾아봅시다."

- 활동 추가 : 퀴즈 등을 활용하여 학습 내용을 정리하거나 새로운 내용 소개

  예시 3 "지금까지 배운 내용을 중심으로 짧은 퀴즈를 내볼게요."

### 3) 학생들의 학습 속도가 기대보다 느릴 때
- 핵심 내용 강조 : 학습 목표를 재확인하고, 중요한 개념만 집중적으로 설명

  예시 1 "이 개념이 오늘 배운 내용 중 가장 중요해요. 이 부분만 확실히 이해하면 이후 내용도 쉽게 따라올 수 있어요. 핵심 포인트를 다시 정리해 봅시다."

- 추가 연습 기회 제공: 쉬운 문제를 추가로 제공하여 개념을 확실히 이해하도록 도움

  예시 2 "한 문제 더 풀어보면서 이 내용을 더 확실히 이해해 봅시다."

### 4) 학생들이 수업 내용을 빠르게 이해하고 따라올 때

- 학생 주도 수업: 선택권을 주어 탐구하게 하거나 발표 기회 제공

  예시 1 "각자 하나의 환경 문제를 선택해 관련 기사를 찾으세요. 그 내용을 요약하고 함께 살펴보며 이야기 나눠보겠습니다."

- 심화 학습 제시: 사고력을 요구하는 문제나 활동을 통해 학습 확장 유도

  예시 2 "우리 지역의 인구 변화와 관련된 그래프를 통해 알 수 있는 사실을 해석하고, 미래의 인구 변화를 예측해 봅시다."

- 창의적 활동 과제 제시: 배운 내용을 창의적으로 활용할 수 있는 과제 제안

  예시 3 "우리 지역의 역사 유적지를 홍보하는 광고를 만들어 봅시다. 유적지의 역사적 가치와 매력을 효과적으로 전달하는 것이 중요합니다."

수업 조절은 교사의 관찰력과 학생과의 소통이 중요하다. 수업을 유연하게 조절함으로써 학생 개개인의 학습 경험을 향상시키고, 학습 목표

를 효과적으로 달성할 수 있도록 지원할 수 있다.

**35. 학생 관찰하여 수업 조절하기**

학생들의 표정, 몸짓, 시선을 관찰하여 이해도를 확인하고 적절하게 수업을 조절하면 학습 효과를 높일 수 있습니다. 학생들의 상태에 따라 핵심 내용을 강조하거나, 비유를 활용하며, 활동을 추가하는 등 유연하게 수업을 조정해 보세요!

**성찰 질문**

· 학생의 심리 상태나 학습 이해도를 판단하여 수업을 조절하나요?

## 36
## 인출기법 활용하기

학생들이 학습한 내용을 효과적으로 기억하고 이해를 심화할 수 있도록, 다양한 인출 기법을 활용하는 것이 중요하다. 다 같이 답하기, 자기 표현으로 바꿔 말하기, 모두 쓰기와 같은 간단하면서도 효과적인 전략을 적용하면, 기억과 이해를 돕는 동시에 학습 과정 속에서 자연스럽게 평가를 진행할 수 있다.

**상황**

양 선생님은 중요한 내용을 칠판에 적고 학생들에게 받아 적게 한다. 수업이 끝난 후 꼼꼼하게 필기한 학생들의 공책을 보며, 잘 배웠다고 생각한다.

양 선생님은 중요한 내용을 칠판에 적었다. 그리고 학생들은 받아적었다. 양 선생님은 가르쳤는데 학생은 과연 배웠을까? 학생들은 중요한 내용을 받아 적으며 깊이 생각할 필요가 없다. 필기한 내용을 잠시 기억할 수는 있지만, 적극적인 학습은 일어나지 않는다. 적극적인 학습이 일어나려면 학생이 적극적으로 생각하게 만들어야 한다.

양 선생님은 고민에 빠졌다. 학생들이 수업을 잘 이해했는지 평가하고 싶지만, 학습지를 만들거나 별도로 준비할 시간이 부족하다.

인출은 학생들의 생각을 밖으로 드러내고, 기억한 내용을 꺼내는 과정이다. 이는 단순히 정보를 입력하는 것보다 더 효과적인 학습 방법이다. 특히, 시간이 부족한 교사도 특별한 준비 없이 쉽게 활용할 수 있는 전략으로, 수업 중 학생들이 자연스럽게 자신의 생각을 표현하도록 유도하면 학습 평가를 효과적으로 진행할 수 있다.

### 인출 전략 활용하기

- 다 같이 답하기
- 내 말로 설명하기
- 모두 쓰기
- 의미 부여하기 (비유적 표현 활용하기, 그림 그리기)

학생들이 학습 내용을 더 효과적으로 기억하고 이해할 수 있도록 효과적인 인출 전략을 활용해 보자.

### 다 같이 답하기

학생들이 중요한 내용을 반복하며 기억을 강화하는 방법이다. 교사가 설명한 내용을 질문 형태로 다시 제시하고, 학생들이 함께 답하도록 유도한다. 이는 학습 내용을 즉각적으로 되새기게 하여 기억을 장기화하는 데 효과적이다.

> 예시

교사    용질이란 녹는 물질을 말합니다. 녹는 물질이 뭐라고요?

학생    용질.

교사    용질을 뭐라고 한다고요?

학생    녹는 물질

이처럼 같은 개념을 서로 다른 질문 방식으로 반복하면 학습 효과를 높일 수 있다.

### 내 말로 설명하기

교사가 설명한 내용을 학생들이 자기 방식으로 표현하도록 하는 방법이다. 단순히 필기하는 것보다 능동적으로 사고하게 되어 기억이 강화된다. 또한, 교사는 학생들의 표현을 통해 이해도를 즉각적으로 평가할 수 있다.

> 예시

교사    민주주의란 무엇인가에 대해 배웠습니다. 지금부터 짝과 함께 민주주의에 대해 설명해 보세요. 이후 공책에 적고, 발표할 기회를 가질 것입니다.

학생들이 설명하는 동안 교사는 적절한 피드백을 제공하고, 이후 학생들 간의 답변을 비교하며 토론할 수도 있다.

### 모두 쓰기

한 차시 수업이 끝난 후 5분 정도 시간을 주어 학생들이 배운 내용을 자유롭게 적도록 하는 방법이다. 정답을 맞추는 부담 없이 스스로 떠올리며 기록하는 과정에서 기억이 강화된다. 또한, 교사는 학생들이 얼마나 내용을 습득했는지 쉽게 확인할 수 있다. 모두 쓰기를 어려워 하는 학생이 많을 경우 핵심 낱말을 제시해 주면 도움이 된다.

> **예시**
>
> 교사     이번 시간에 배운 내용을 5분 동안 모두 써봅시다. 설명을 듣는 것보다 직접 적어보는 것이 기억에 훨씬 도움이 됩니다.

작성한 내용은 개별 피드백을 제공하거나, 학생들이 서로 공유하며 보완할 수 있도록 한다.

## 의미 부여하기

기억하기 어려운 내용을 학생들이 스스로 의미화하도록 하는 방법이다. 정보를 단순 암기하는 것이 아니라, 기존 지식과 연결하거나 다양한 표현 방식으로 변환하여 기억을 쉽게 한다.

### ① 비유적 표현 만들기

새로운 개념을 익숙한 개념과 연결하게 하면 이해와 기억이 쉬워진다.

> **예시**
>
> - 국회는 '법 공장'이다. 국회에서 법이 만들어지기 때문이다.
> - DNA는 '생명의 설계도'이다. 유전 정보를 저장하고 전달하는 역할을 하기 때문이다.

이렇게 표현하면 단순 암기보다 더 깊은 이해를 유도할 수 있다.

② 그림 그리기

개념을 그림으로 표현하면 적극적인 사고가 이루어져 기억이 강화된다.

예시
- '법 공장'이라는 개념을 공장에서 법전이 생산되는 그림으로 표현
- '광합성'을 공장에서 에너지를 생산하는 과정으로 시각화

그림의 완성도를 요구하기보다 개념을 시각적으로 표현하는 데 초점을 맞춘다.

기억을 오래 유지하려면 의미를 부여하는 과정이 필요하다. 학생들이 단순히 외우는 것이 아니라, 스스로 의미를 만들고 연결할 수 있도록 다양한 인출 전략을 제공해야 한다. 교사는 이러한 기법을 직접 시범 보이며 안내하고, 학생들이 자연스럽게 적용할 수 있도록 유도하는 것이 중요하다.

**36. 인출기법 활용하기**

학생들이 학습한 내용을 효과적으로 기억하고 깊이 이해할 수 있도록 다 같이 답하기, 자기표현으로 바꿔 말하기, 모두 쓰기, 비유 및 그림 활용하기 등의 인출 기법을 적극 활용해 보세요. 이러한 방법을 사용하면 학생들이 능동적으로 학습에 참여하고 기억을 강화할 수 있으며, 이해도를 효과적으로 평가하는 데도 큰 도움이 될 거예요!

**성찰 질문**

· 수업 시간에 인출기법을 활용하여 기억을 강화하고 학생의 학습을 평가하나요?

### Tip
**효율적인 기억 전략 : 암송, 정교화, 조직화**

인지 심리학에서는 정보를 효과적으로 기억하는 방법으로 암송(시연), 정교화, 조직화의 세 가지 전략을 제시한다.

- 암송(시연): 가장 기본적인 기억 전략으로, 정보를 반복하여 말하거나 떠올리는 과정이다. 예를 들어, 처음 본 사람의 이름을 기억하기 위해 여러 번 말하거나 반복하는 것이 이에 해당한다. 이 방법은 짧은 시간 동안 정보를 유지하는 데 유용하다.
- 정교화: 정보를 단순히 반복하는 것에서 나아가 기존의 지식과 연결하여 더 깊이 이해하고 기억하는 방법이다. 예를 들어, 새로운 이름을 들었을 때 그 사람의 특징과 연관 지어 기억하면 더 오래 기억할 수 있다.
- 조직화: 정보를 체계적으로 정리하여 기억을 돕는 방법이다. 예를 들어, 마인드맵을 활용해 개념 간의 관계를 시각적으로 정리하면 정보가 머릿속에 더 오래 남는다.

이처럼 암송, 정교화, 조직화는 각각의 장점을 활용하여 학생들이 학습한 내용을 효과적으로 기억할 수 있도록 돕는 전략이다.

## 37
# 무작위 지명 활용하기
## (Cold call)

특정 학생들만 반복적으로 참여하는 것을 방지하고, 모든 학생이 수업에 몰입할 수 있도록 무작위 지명 기법을 활용할 수 있다. 이를 통해 교사는 학생들의 학습 상태를 폭넓게 점검할 수 있으며, 모든 학생에게 고른 학습 참여 기회를 제공할 수 있다.

**상황**

양 선생님은 수업 중 질문을 던진다. 발표를 잘하는 학생이 답변하고, 교사는 이를 듣고 다음 단계로 넘어간다. 수업이 실행될수록 같은 학생들만 반복적으로 발표하며, 다른 학생들은 조용히 듣고만 있다.

보통 질문을 하면 성취도가 높은 학생이 답변하는 경우가 많다. 이는 그들이 수업을 적극적으로 듣고 자신감이 있기 때문일 것이다. 하지만 한 학생이 정답을 말했다고 해서 모든 학생이 이해했다고 단정할 수 없다. 양 선생님은 답변하지 않은 학생들의 이해도를 점검하지 않았다. 하지만 모든 학생을 한 명씩 확인하는 데는 시간이 너무 오래 걸린다. 이러한 어려움을 해결하는 방법이 바로 무작위 지명이다.

양 선생님은 학생들의 이해도를 확인하고자 무작위로 학생을 뽑아 발표를 시켰다. "준혁이가 발표해 보세요." 하지만 준혁이는 아무 말도 하지 못한다. 갑작스러운 지명에 당황한 준혁이는 어떻게 해야 할지 몰라 난감해한다.

일반적으로 학생이 답을 하지 못하면 교사는 다른 학생에게 기회를 넘기곤 한다. 하지만 이런 방식은 학생들에게 "이 상황만 넘기면 괜찮아."라는 인식을 심어줄 수 있다. 자기 차례가 지나가면 더 이상 집중할 필요가 없다고 생각하게 되는 것이다. 따라서 학생이 답하지 못했을 때 적절한 피드백을 제공하는 것이 중요하다. 이를 통해 학생들이 부담을 느끼지 않으면서도 지속적으로 학습에 참여하도록 유도할 수 있다.

### 무작위 지명 활용 방법

- 무작위 지명을 알리기
- 틀려도 괜찮음을 알리기
- 무작위 지명하기
- 학생 답변에 따른 피드백하기

### 무작위 지명의 필요성

새로운 내용을 학습할 때, 보통 교사가 설명하고 학생들이 듣는 방식으로 실행된다. 그러나 모든 학생이 수업 내용을 잘 따라오고 있는지, 제대로 이해하고 있는지 확인하기 어려운 경우가 많다. 이때, 무작위 지명은 다음과 같은 장점이 있다.

- 집중력 향상: 언제 질문을 받을지 모른다는 생각에 학생들은 수업에 몰입하게 된다.
- 능동적 참여 유도: 학생들이 단순히 듣는 것에 그치지 않고, 언제든 질문에 답할 준비를 하며 적극적으로 학습에 참여하게 된다.
- 즉각적인 이해도 확인: 교사는 학생들의 학습 상태를 실시간으로 점검하고, 필요에 따라 즉각적인 피드백을 제공할 수 있다.
- 균등한 학습 기회 제공: 특정 학생만 반복적으로 발표하는 것을 방지하고, 모든 학생이 자기 생각을 표현할 기회를 얻을 수 있다.

그러나 무작위 지명은 학생들에게 심리적 부담을 줄 수도 있다. 따라서 편안하고 격려하는 분위기를 조성하는 것이 중요하며, 다양한 발표 방식과 함께 활용하는 것이 효과적이다. 또한, 정답을 맞히는 것보다 참여 자체에 초점을 두고 실행하는 것이 바람직하다.

**무작위 지명 활용 방법**

| 무작위 지명을 알리기 → 틀려도 괜찮음을 알리기 → 무작위 지명하기 →학생 답변에 따른 피드백 제공하기 |
|---|

### 무작위 지명을 알리기

무작위 지명을 처음 도입할 때는 그 목적과 기대하는 바를 학생들에게 명확히 설명해야 한다.

### 무작위 지명의 목적 예시

"선생님은 발표 방식을 다양하게 활용할 거예요. 그중 하나가 무작위 지명인데, 이유는 우리 반 모두가 수업에 적극적으로 참여하기를 바라기 때문이에요. 발표가 어렵다면 선생님과 친구들이 함께 도와줄 거예요. 여러분이 책임감을 가지고 참여하면서 성장할 수 있기를 기대합니다."

또한, 무작위 지명이 실행될 것임을 사전에 알리는 것 또한 중요하다.

### 무작위 지명 알리기 예시

"이번 질문은 무작위로 뽑아서 발표할 거예요."
"과제 후에는 무작위로 발표할 기회를 가질 거예요."

학생들이 언제든 발표할 수 있다는 것을 인지하면 수업에 적극적으로 참여할 가능성이 높아진다.

## 틀려도 괜찮음을 알리기

무작위 지명은 신중하게 접근해야 한다. 학생들은 지명될까 봐 긴장하기 마련이며, 발표에 대한 불안감을 느낄 수도 있다. 따라서 틀려도 괜찮다는 분위기를 조성하는 것이 중요하다. 단, 그 과정에서 노력하는 태도는 강조해야 한다.

### 예시

"여러분이 열심히 참여한다면 틀려도 괜찮아요. 하지만 아무런 생각도 하지 않고 준비 없이 틀리는 것은 괜찮지 않아요. 모두 적극적으로 생각하고 참여해 주세요."

이처럼 단순한 정답 여부보다 학습 과정 자체를 중시하는 태도를 강조하는 것이 중요하다.

### 무작위 지명하기

무작위 지명을 효과적으로 활용하려면 적절한 도구를 활용하는 것이 좋다.

### 활용 가능한 도구
- 하드 막대(스틱) 또는 탁구공에 학생 이름이나 번호를 적어 뽑기
- 랜덤 뽑기 애플리케이션 활용

### 학생 답변에 따른 피드백 제공하기

학생의 답변 유형에 따라 적절한 피드백을 제공하는 것이 중요하다.

### 답변을 하지 못할 경우 : 다시 돌아오기

일부 학생들은 자기 순서가 지나가면 집중을 하지 않는 경향이 있다. 모든 학생이 학습에 참여해야 한다는 기대를 지속적으로 심어줄 필요가 있다.

> **예시** "○○이가 열심히 하는 모습을 봤어요. 답변을 못해도 괜찮아요. 다른 친구들이 발표하는 동안 잘 들어주세요. 다시 돌아와서 한 번 더 발표할 기회를 줄게요."

### 답변이 부족할 경우 : 보충 기회 제공하기

학생이 부분적으로 맞는 답을 했다면 칭찬한 후, 다른 친구들이 보충하도록 유도한다. 이를 통해 학생 간 상호작용을 높이고, 서로 배우는 환경을 조성할 수 있다.

> 예시 "○○이가 ○○라고 말해 줬네요. (발표 내용을 판서) 여기에 보충할 사람 있나요?"

### 답변을 잘하는 경우 : 다음 학생 뽑기

정확한 답변을 했다면 다른 학생을 무작위로 뽑아 추가적으로 확인하는 것이 좋다.

> 예시
> - 3~5명의 학생을 지명하여 이해도를 점검
> - 다양한 수준의 학생이 뽑혔는지 확인
> - 특정 수준의 학생만 뽑혔을 경우, 추가 지명을 통해 균형 맞추기

### 37. 무작위 지명 활용하기

무작위 지명을 활용하여 특정 학생만 발표하는 것을 방지하고, 모든 학생이 수업에 적극적으로 참여하도록 유도해 보세요. 언제든 질문을 받을 수 있다는 인식을 심어주면 학습 몰입도가 높아지고, 다양한 수준의 학생 이해도를 효과적으로 점검할 수 있습니다. 무작위 지명을 할 것임을 미리 알리고, 틀려도 괜찮다는 분위기를 조성하여 발표 불안을 줄여 주세요. 또한, 학생의 답변에 따라 적절한 피드백을 제공하여 학습 경험을 긍정적으로 만들어 보세요!

**성찰 질문**

· 무작위 지명을 적절히 활용하여 학생들을 참여하게 하고 이해도를 평가했나요?

## 생각해 보기

다음 표를 보며 깊이 있는 학습을 하기 위해 교사가 하고 있는 것을 살펴보세요.

| 전략 | 체크할 내용 | 체크 |
|---|---|---|
| 35<br>학생 관찰하여<br>수업 조절하기 | 학생의 심리 상태나 학습 이해도를 판단하여 수업을 조절하나요? | |
| 36<br>인출기법<br>활용하기 | 수업 시간에 인출기법을 활용하여 기억을 강화하고 학생의 학습을 평가하나요? | |
| 37<br>무작위 지명<br>활용하기 | 무작위 지명을 적절히 활용하여 학생들을 참여하게 하고 이해도를 평가했나요? | |

### 성찰 질문

- 잘하고 있는 점과 개선하고 싶은 점은 무엇인가요?
- 제시된 전략 이외에 더할 수 있는 것은 무엇인가요?

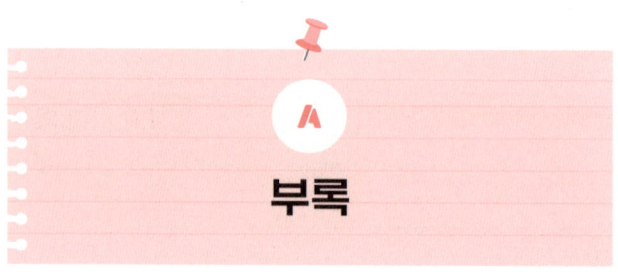

## 수업 실행 전략

### 1부. 학급 문화 만들기

| 분류 | 전략 | 체크할 내용 | 체크 |
|---|---|---|---|
| 1장<br>신뢰와<br>도전이<br>있는<br>교실<br>문화 | 1<br>긍정적<br>상호작용하기 | 수업 중에 어떠한 방식으로 학생들과 긍정적 상호작용을 하고 있나요? | |
| | | 학생을 환대하며 맞이하나요? | |
| | | 학생과 적절히 눈맞춤 하고 이름을 자주 불러주나요? | |
| | | 학생의 말과 행동을 자세히 관찰하고 기억하나요? | |
| | | 절차나 규칙에 어긋나는 학생의 요구는 적절히 거절하나요? | |
| | 2<br>격려하기 | 나는 주로 심판자처럼 생각하나요? 격려자처럼 생각하나요? | |
| | | 상황에 따라 격려 말과 표정, 제스처를 적절히 활용하나요? | |

| | | | |
|---|---|---|---|
| 1장 신뢰와 도전이 있는 교실 문화 | 2 격려하기 | 학생의 성향에 따라 격려하나요? | |
| | | 격려를 더 자주 하기 위한 장치를 마련하나요?(예: 시각화 및 점검, 역·도·바 회의) | |
| | 3 틀려도 괜찮아 | 정답 찾기를 하고 있지는 않나요? | |
| | | 정답인지 아닌지 표정에 드러내지 않나요? | |
| | | 학생의 발언을 모두 받아들이나요? | |
| | | 오답이 배움에 도움이 되는지 밝혀주나요? | |
| | 4 배움에 도전 하도록 하기 | 학생이 도전할 수 있도록 꾸준히 하는 것의 중요성을 알려주나요? | |
| | | 학습 결과의 유용성을 성명해주나요? | |
| | | 효율적으로 학습할 수 있는 방법을 알려주나요? | |
| 2장 문제 행동에 대처하기 | 5 즉각 지도, 추후 지도 행동 구분하기 | 수업 중 즉각적으로 개입해야 하는 행동과 추후 지도할 행동을 구분하고 개입하나요? | |
| | 6 수업 중단 없이 지도하기 | 학생이 수업에 몰입하는 것을 어떻게 알 수 있나요? | |
| | | 학생이 수업에서 벗어나는 것을 어떻게 알 수 있나요? | |
| | | 학생이 수업에 벗어나는 것을 초반에 알아차리나요? | |
| | 7 알파 지시하기 | 교사가 수업을 방해하지 않으면서 수업에서 멀어지는 학생에게 적절히 개입하나요? | |

| 분류 | 전략 | 체크할 내용 | 체크 |
|---|---|---|---|
| 2장 문제 행동에 대처하기 | 7 알파 지시하기 | 나는 평소에 어떠한 방식으로 학생에게 지시하나요? 알파 지시를 하나요? | |
| | | 지시에 따르도록 비언어적 표현(거리, 눈맞춤, 낮은 목소리)을 효과적으로 활용하나요? | |
| | | 지시에 따르도록 언어적 표현(하라는 말 사용하기, 짧게)을 적절히 사용하나요? | |
| | | 지시를 실행할 충분한 시간을 주나요? | |
| | 8 결과에 대해 합의하고 선택권을 주어 책임지게 하기 | 학생의 반응에 따라 즉각적이고 적절한 피드백을 주나요? | |
| | | 행동에 대해 책임져야 할 결과를 학생과 함께 합의하나요? | |
| | | 책임을 지게 하기 전에 학생이 스스로 생각하고 올바른 행동을 선택할 기회를 주나요? | |

## 2부 문제 예방 및 학습 참여 촉진하기

| 분류 | 전략 | 체크할 내용 | 체크 |
|---|---|---|---|
| 1장 학습 분위기 조성하기 | 9 수업 시작 시 해야 할 일 가르치기 | 수업 시작 시 학생들이 해야 할 일을 알리고 게시하나요? | |
| | | 수업의 시작이 중요한 과정임을 알리고 확인하나요? | |
| | 10 곧바로 시작하기 | 시작을 알리고 곧바로 수업을 시작하나요? | |
| | 11 집중 자리에서 시작하기 | 우리 교실 구조에서 집중 자리는 어디인가요? | |
| | | 집중 자리에서 시작하나요? | |

| | | | |
|---|---|---|---|
| 1장<br>학습<br>분위기<br>조성하기 | 11<br>집중 자리에서<br>시작하기 | 집중을 방해하는 장애물은 없나요? | |
| | 12<br>눈맞춤과 곧고<br>열린 자세 | 학생에게 시선을 골고루 주나요? | |
| | | 자세는 곧고 열려 있나요? | |
| 2장<br>수업 속도<br>조절하기 | 13<br>빠른 속도로<br>지난 시간<br>복습하기 | 한 단원(주제)의 맥락에서 중요한 내용들을 연결하여 복습하나요? | |
| | | 빠른 질문과 전체 답으로 속도를 살려서 지난 시간 복습을 실행하나요? | |
| | 14<br>수업 실행<br>속도 조절하기 | 생들이 몰입하도록 적절히 속도의 변화를 주며 수업을 실행하나요? | |
| | 15<br>활동 전환 속도<br>빠르게 하기 | 기자재 위치 및 발표 자리를 정했나요? | |
| | | 수업의 흐름과 전환의 시점을 의식했나요? | |
| | | 전환 시점을 반박자 빠르게 가져가나요? | |
| 3장<br>명확한<br>안내와<br>확인하기 | 16<br>활동 안내<br>명확하게 하기 1 | 명시적 목표를 안내하고 확인하나요? | |
| | | 활동이 복잡할 경우 시범을 보이나요? | |
| | 17<br>활동 안내<br>명확하게 하기 2 | 문제 행동을 예상하고 안내하나요? | |
| | | 짧고 절도 있게 시작말을 하나요? | |
| | | 끝나는 시간을 안내하나요? | |
| | 18<br>안내 후<br>점검하기 | 안내 후 학생들의 참여를 점검하나요? | |
| | | 확인하는 것을 학생이 알게 하나요? | |
| | | 점검 후 피드백을 하나요? | |

| | | | |
|---|---|---|---|
| 3장<br>명확한<br>안내와<br>확인하기 | 19<br>주의 집중 신호<br>활용하기 | 주의 집중 신호는 명확하고 간단 하나요? | |
| | | 주의 집중 신호 후 1초 안에 말을 하나요? | |
| | | 주의 집중 신호보다 학습 내용에 집중하게 하나요? | |
| | 20<br>발성과 언어<br>활용하기 | 자기 목소리 톤, 발성, 말의 빠르기를 인식 하나요? | |
| | | 말의 빠르기와 높낮이에 변화를 주나요? | |
| 3장<br>명확한<br>안내와<br>확인하기 | 20<br>발성과 언어<br>활용하기 | 중요한 부분에서는 멈춤과 강조, 음절의 길이 조절을 하나요? | |
| 4장<br>수업에<br>변화 주기 | 21<br>상호 작용 방식<br>에 변화주기 | 상호작용 방식에 변화를 주어 학생들의 참여를 이끌어 내나요? | |
| | | 혼자 생각하기, 짝에게 말하기, 전체 나누기를 적절한 상황에서 활용하나요? | |
| | 22<br>짝에게 말하기 | 내 말로 바꿔 말하기를 적절히 활용하나요? | |
| | | 수업 상황에 맞는 '짝에게 말하기'를 활용하나요? | |
| | 23<br>발표 방식에 변<br>화 주기 | 손을 들고 말해야 할 때와 자유롭게 말할 때를 구별하나요? | |
| | | 수업 목표에 맞는 발표 방식을 활용하나요? | |
| | | 다양한 표현 방식을 활용하나요? | |
| | 24<br>학생 상태에 변<br>화 주기 | 수업 중 학생들의 집중도 및 컨디션 등 상태 변화에 주의를 기울이나요? | |
| | | 자신만의 상태 변화법을 갖고 활용하나요? | |

# 3부 주도성을 살리는 상호작용 촉진하기

| 분류 | 전략 | 체크할 내용 | 체크 |
|---|---|---|---|
| 1장<br>전체 학급<br>토론<br>활성화하기 | 25<br>생각할<br>시간 주기 | 질문 후, 충분한 시간을 두고 학생들이 스스로 생각할 수 있도록 기다리나요? (대기 시간 1, 2) | |
| | | 질문의 난이도에 따라 적절한 대기 시간을 주나요? | |
| | | 어려운 질문의 경우, 학생들이 답변을 연습할 기회를 주나요? | |
| | 26<br>학생 간<br>대화로<br>연결하기 | 대화의 주도권을 학생에게 넘기나요? | |
| | | 학생 간에 논의가 시작될 수 있도록 초점을 맞추어 주나요? | |
| | | 학생 간 논의가 연결되도록 친구의 말에 반응하게 하나요? | |
| 2장<br>모둠<br>상호 작용<br>촉진하기 | 27<br>모둠활동 하는<br>자세 안내하기 | 모둠 활동 시 협력하는 자세와 태도를 명확하게 안내하나요? | |
| | | 학생 모두 참여할 수 있는 방법을 안내하나요? | |
| | | 참여에 대한 책임이 있음을 안내하나요? | |
| | 28<br>모둠활동 하는<br>법 안내하기 | 학생이 모둠 활동을 할 때 '해야 할 일'을 명시적으로 제시했나요? | |
| | | 학생들이 원활한 모둠 활동을 실행하기 위한 '실행 말'을 제시했나요? | |
| | 29<br>모둠활동<br>과정에<br>적절한<br>도움 주기 | 모둠 활동 시 교사는 순회하며 참여도 및 이해도를 관찰하나요? | |
| | | 학생이 활동의 목표와 방향을 이해할 수 있도록 본보기 작품을 소개하나요? | |
| | | 문제 해결에 어려움을 겪을 때에는 적절한 단서를 제공하나요? | |

| 분류 | 전략 | 체크할 내용 | 체크 |
|---|---|---|---|
| 2장 모둠 상호 작용 촉진하기 | 29 모둠활동 과정에 적절한 도움 주기 | 모둠 활동 과정에서 벌어지는 다툼을 적절히 중재하나요? | |
| | | 모둠 활동시 무임승차를 예방하기 위한 조취를 취하나요? | |

## 4부 깊이 있는 학습하기

| 분류 | 전략 | 체크할 내용 | 체크 |
|---|---|---|---|
| 1장 깊이 있는 학습으로 이끌기 | 30 큰 그림을 제시하여 이해 돕기 | 단원 도입 시 큰 그림을 확인하나요? | |
| | | 차시 수업과 단원을 연결하나요? | |
| | | 차시 수업의 큰 그림을 확인하나요? | |
| | 31 생각 말하기를 통한 이해 돕기 | 생각 말하기가 중요한 이유를 알고 수업에 적용하나요? | |
| | 32 질문을 통해 깊이 있는 학습으로 이끌기 | 이유를 물으며 학생이 추론적 사고를 하게 하나요? | |
| | | 사실과 개념, 예시와 개념을 연결시키며 깊이 있는 학습으로 이끄나요? | |
| 1장 깊이 있는 학습으로 이끌기 | 33 학생의 답을 비교하며 생각하게 하기 | 다양한 답을 서로 비교하도록 하여 깊이 있는 학습을 하도록 이끄나요? | |
| | 34 학습법 안내하기 | 학생에게 적극적 듣기, 교과서 읽는 법, 필기법 등의 학습법을 안내하고 활용하게 하나요? | |

| | | | |
|---|---|---|---|
| 2장<br>이해를<br>돕는<br>평가하기 | 35<br>학생 관찰하여<br>수업 조절하기 | 학생의 심리 상태나 학습 이해도를 판단하여 수업을 조절하나요? | |
| | 36<br>인출기법<br>활용하기 | 수업 시간에 인출기법을 활용하여 기억을 강화하고 학생의 학습을 평가하나요? | |
| | 37<br>무작위 지명<br>활용하기 | 무작위 지명을 적절히 활용하여 학생들을 참여하게 하고 이해도를 평가했나요? | |

## 1. 나의 현재 상황 분석하기

• 아래 표를 완성하여 나의 현재 상황을 분석해 봅시다.

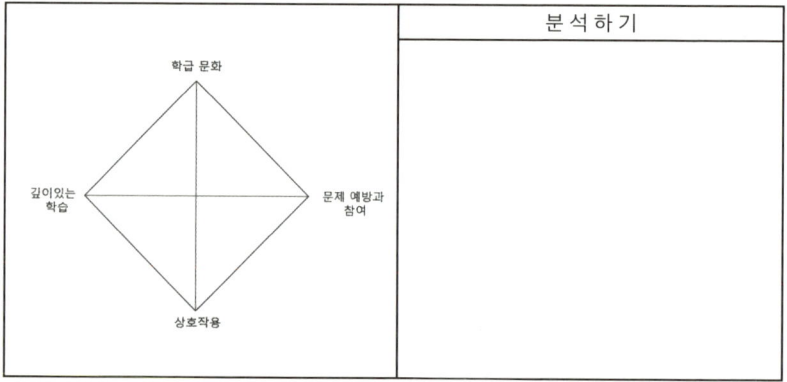

## 2. 목표 지점 파악하기

• 나를 더 향상시키고 싶은 지점은 어디인가요? 그 이유는 무엇인가요?

## 3. 실행 계획 세우기

• 언제 어떻게 실행할 계획인가요? (실행 시기 및 횟수)

• 어떤 방법으로 나의 실행을 돌아볼 계획인가요? (영상 촬영, 동료의 관찰 및 협의)

## 4. 돌아보기

실행한 후 돌아보며 다시 아래 표를 완성해 봅시다.

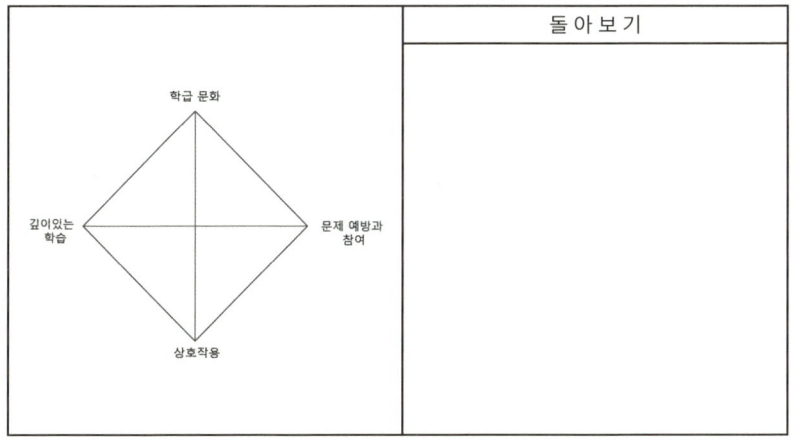

# 참고문헌

- 공부하고 있다는 착각. 웅진지식하우스, 대니얼 T. 윌링햄, 2023
- 교실평가의 원리와 실제, 교육과학사, James H. McMillan, 2015
- 국어교육학개론, 삼지원, 노명완 외, 2012
- 수업 방해, 테크빌 교육, 한스페터 놀팅, 2018
- 수학교실토론, 경문사, Suzane 외, 2016
- 아들러와 함께하는 행복한 교실 만들기, 학지사, 루돌프 드라이커스 외, 2013
- 잡담의 힘, 포레스트북스, 이노우에 도모스케, 2022
- 정서행동장애학생교육, 교육과학사, Mitchell 외, 2017
- 최고의 교사는 어떻게 가르치는가 2.0 , 해냄, 더그 레모브, 2016
- 학급긍정훈육법, 에듀니티, 제인넬슨 외, 2014
- 학업성취 향상 수업전략, 시그마프레스, Marzano 외, 2010
- Enhancing Professional Practice: A Framework for Teaching (Professional Development) 2nd Edition, ASCD, Charlotte Danielson, 2007
- Hill M. Walker, Janet Eaton Walker (1991). Coping with noncompliance in the classroom: A positive approach for teachers.
- Grant, A. M., & Gino, F. (2010). A little thanks goes a long way: Explaining why gratitude expressions motivate prosocial behavior. Journal of Personality and Social Psychology, 98(6), 946-955.)
- https://ko.fm/6eh , 감사의 힘_감사가 친사회적 행동하게끔 만드는 이유, 서울대학교 행복연구센터

• 교육과실천이 펴낸 수업평가 책 •

### 주도성
**김덕년, 정윤리, 양세미, 최선경, 정윤자, 위현진, 김재희, 신윤기, 강민서 지음**

주도성이란 무엇인가? 학교 안에서 주도성이 일어나게 하려면 어떻게 해야 하는가? 고민에 대한 해답을 초중고 현장 사례를 통해 살펴보고 주도성이 일어나기 위한 조건을 제시한다.

### 교육과정-수업-평가-기록 일체화
**그림책사랑교사모임 지음**

'어떻게 가르치느냐?' 보다 더 중요한 것은 '누구에게 무엇을 가르치느냐?' 더 나아가 '누가 무엇을 어떻게 배우느냐?' 에 대한 고민이 더 필요하다는 것을 깨달은 저자가 동료들과 함께 일구어낸 몇 번이나 실패하고, 간혹 작은 성공을 이룬 현장의 기록.

### 과정중심평가
**김덕년, 강민서, 박병두, 김진영, 최우성, 연현정, 전소영 지음**

2015 개정 교육과정의 핵심 내용 중 하나로, 최근 교육 현장에서 가장 큰 화두인 '과정중심평가'를 소개한다. 특히 '과정중심평가를 어떻게 실천할 것인가'에 대한 실마리를 제시한다.

### 토론이 수업이 되려면
**경기도토론교육연구회 지음**

교실에서 가장 많이 활용되는 찬반 토론, 소크라틱 세미나, 하브루타, 에르티아 토론, 그림책 토론의 이론적인 토대와 어떻게 수업에 적용할 수 있는지를 여러 교과의 적용 사례로 보여준다.

### 초등 그림책 수업
**그림책사랑교사모임 지음**

한 해의 주제 수업을 고민하는 교사들에게 달마다 만나는 주제 수업부터 범교과 주제 수업까지, 주제에 꼭 맞는 그림책과 창의적인 체험 활동의 경험을 생생하게 소개한다

### 초등 그림책 문해력 수업
**그림책사랑교사모임 지음**

그림책을 읽고 재미있는 활동을 하며 한글을 깨치고 어휘를 확장하는 등 문해력의 뿌리를 단단히 내리게 하는 35편의 수업을 소개한다.